Le métissage

Le présent ouvrage reprend, à l'identique, le texte de l'édition originale, publiée en 1977 par Flammarion, dans la collection Dominos.

Seule diffère la mise en page : les illustrations ont été supprimées, et quelques coquilles ou césures litigieuses corrigées.

S'il y a lieu, des *addenda* ou *corrigenda* figurent sur le site :

www.teraedre.fr

ISBN 978-2-912868-59-6

dans la même collection
Marc Piault
Anthropologie et cinéma

François Laplantine
Alexis Nouss

Le métissage

Un exposé pour comprendre
Un essai pour réfléchir

François Laplantine. Anthropologue, ses principales recherches, effectuées notamment au Brésil, concernent l'anthropologie de la maladie, des religions et, depuis quelques années, les rapports entre l'anthropologie et l'écriture. Professeur d'ethnologie à l'Université Lumière-Lyon II, il est l'auteur de nombreux ouvrages, parmi lesquels *Transatlantique : Entre Europe et Amériques latines,* Payot, 1994 et *La Description ethnographique,* Nathan, 1996.

Alexis Nouss est professeur au Département de linguistique et de traduction de l'Université de Montréal. Ses thèmes de recherche et de réflexion portent sur la théorie de la traduction, la littérature moderne et les problèmes philosophiques et esthétiques de la modernité. Il a notamment publié *La Modernité,* PUF, 1995 et est coauteur avec J.-J. Levy de *Sida-fiction, Essai d'anthropologie romanesque,* PUL, 1994.

Sommaire

La première fois qu'apparaît un mot relevant d'un vocabulaire spécialisé, explicité dans le Glossaire, il est suivi d'un*

Avant-propos

Dans métissage, il y a, en toute fantaisie étymologique – mais le métissage est joyeux lorsqu'il est valorisé –, tissage, le travail du temps et du multiple. Si le terme, qui vient du latin *mixtus* signifiant « mélangé », apparaît pour la première fois en espagnol et en portugais dans le contexte de la colonisation (ainsi que les mots « mulâtre*», « créole*», « sang mêlé »), la notion se forme dans le champ de la biologie pour désigner les croisements génétiques et la production de phénotypes, c'est-à-dire de phénomènes physiques et chromatiques (couleur de peau) qui serviront de supports à la stigmatisation et à l'exclusion.

La première question posée par le métissage est celle du déplacement et de l'extension de cette notion même à l'extérieur de la discipline (la biologie) au sein de laquelle elle s'est constituée. Si elle semble être acceptée par la linguistique (les langues créoles) et l'étude des religions, elle fait une entrée beaucoup plus timide dans le champ anthropologique (les croisements culturels), paraît hésiter dans celui de l'art (pour désigner, par exemple, le baroque) et devient problématique et, pour certains même, inacceptable dans le domaine de la science et de l'épistémologie.

L'ambition de ce petit livre est de contribuer à transformer cette notion en concept, voire en paradigme, et de montrer non seulement sa légitimité, mais sa pertinence dans des champs extrêmement diversifiés. Le métissage n'est jamais seulement biologique. Il n'existe que par rapport aux discours tenus sur cette notion même – qui oscillent entre le rejet pur et simple et la revendication – et face aux valeurs hégémoniques dominantes d'identité, de stabilité et d'antériorité. Le métissage mal compris impliquerait l'existence de deux individus originellement « purs » ou plus généralement d'un état initial – racial, social, culturel, linguistique –, d'un ensemble homogène*, qui à un certain moment aurait rencontré un autre ensemble, donnant ainsi naissance à un phénomène « impur » ou « hétérogène* ».

Or, le métissage contredit précisément la polarité homogène/hétérogène. Il s'offre comme une troisième voie entre la fusion* totalisante de l'homogène et la fragmentation différentialiste de l'hétérogène. Le métissage est une composition dont les composantes gardent leur intégrité. C'est dire toute sa pertinence politique dans les débats de société actuels (racisme, intégration, nationalité, etc.).

Si le métissage a toujours existé sur fond d'antimétissage (comme le voyage et la découverte du multiple sur fond de sédentarité et d'évaluation à partir du même), c'est-à-dire d'une pensée qui privilégie l'ordre et l'origine, nous nous attacherons à montrer que les catégories de mixité, de mélange et d'assemblage sont non seulement insuffisantes, mais inadéquates pour en rendre compte, car elles supposent encore l'existence d'éléments ontologiquement et historiquement premiers qui se seraient accessoirement rencontrés pour produire du dérivé.

Ce qu'il y a de plus opposé au métissage, ce n'est pas seulement le simple (en fait la simplification), le séparé (en fait la séparation), le clair et le distinct (la clarification et la distinction), la pureté (la purification) de la langue, du terroir, de la mémoire, c'est aussi la totalité ou plus précisément la totalisation* qui introduit du compact, de l'essence et de l'essentiel dans la pensée. Ce qui est en question ici, c'est une certaine conception de l'universalisme fait de standardisation, de nivellement et d'uniformité conduisant à une banalisation de l'existence. C'est aussi ce que l'on appelle le syncrétisme*. Par exemple une surabondance de divinités entassées. On en rajoute toujours plus jusqu'à ce que l'on attrape une overdose. Le *kitsch,* le *patchwork,* le *melting pot,* le *New Age*,* la cuisine standard sont le contraire même du métissage. Ce dernier suppose non pas du plein et du trop plein, mais aussi du vide, non pas seulement des attractions, mais des répulsions, non pas exclusivement des conjonctions, mais des disjonctions et de l'alternance. Le métissage n'est pas la fusion, la cohésion, l'osmose, mais la confrontation, le dialogue.

Quand le syncrétisme procède à l'abolition des différences par addition, adjonction et greffe, et non pas par soustraction et ablation comme le purisme, c'est la même violence de la réduction à l'unité qui est à l'œuvre, le même processus d'intégration dans un tout homogène et indifférencié. Le multiple se trouve vaincu, car absorbé dans l'un.

Si aucun ouvrage sur le métissage en tant que tel n'existe à notre connaissance, c'est sans doute parce qu'il est un phénomène éminemment diversifié et toujours en perpétuelle évolution. Échappant à toute stabilisation, n'arrivant jamais à la finition, il décourage toute tentative de définition.

La grande et seule règle du métissage consiste en l'absence de règles. Aucune anticipation, aucune prévisibilité ne sont possibles. Chaque métissage est unique, particulier et trace son propre devenir. Ce qui sortira de la rencontre demeure inconnu. Raison pour laquelle il convient, en premier lieu, de proposer pour comprendre, sans chercher à dresser de typologies.

On ne saurait enfin s'étonner que cet ouvrage-ci fût signé à deux mains. Et n'oublions pas – en toute logique métisse – qu'un livre est autant fait par son lecteur que par l'auteur.

Première partie

Un monde métis

chapitre 1

Les exemples premiers

Le creuset méditerranéen

L'histoire de la Méditerranée, ce creuset culturel qui allait donner naissance à l'Europe, c'est l'histoire de plusieurs millénaires de migrations, sous forme d'invasions, de conquêtes, d'affrontements, de persécutions, de massacres, de pillages et de déportations, mais aussi d'échanges, de confrontations, de transformations des peuples les uns par les autres, jusque dans ces conflits.

Cette « mer entourée de terre », cette *mare magnum,* comme l'appelaient les Romains, ce *al-bahr al-mutawassit* (littéralement « la surface d'eau qui se trouve au milieu »), comme la désignaient les Arabes, qui pendant longtemps figure au centre de toutes les cartes du monde, a un caractère résolument attractif. Y affluent des peuples venus de la forêt, de la steppe et du désert qui vont être confrontés à des dominations successives à partir de la constitution d'empires. C'est sur l'un de ces derniers que nous allons fixer notre attention : celui d'Alexandre le Grand qui, de l'avis de Voltaire, changea le visage de l'Asie, de la Grèce et de l'Égypte et donna au monde une orientation nouvelle».

Alexandre avait une vision universaliste si ce n'est de l'humanité du moins de sa propre entreprise. Il estimait qu'indépendamment de l'appartenance ethnique, des peuples très différents devaient se fondre dans la même unité : les Grecs et les Perses d'abord, mais aussi les Syriens, les Égyptiens et jusqu'aux population de l'Inde, car la *Magna Graecia*, faisant d'abord le tour de la Méditerranée, devait ensuite s'étendre jusqu'en Asie. Alexandre, nous dit Plutarque, « a réuni tous les peuples du monde comme un cratère à mélanger ». Dans cette hellénisation de l'Orient et cette orientalisation de l'Occident, les différentes composantes étaient incitées à apprendre les différentes langues parlées dans l'empire. Alexandre lui-même entendait bien donner l'exemple. Il adoptait des pans entiers de cultures non helléniques comme le droit pénal et le cérémonial de la cour, il parlait le perse et s'habillait comme les Perses. Enfin et surtout, il comptait beaucoup sur l'organisation de mariages collectifs pour que les différents peuples de l'empire se confondent dans une même unité supernationale. À ce que disent les historiens de l'époque – et qui est sans doute exagéré –, dix mille soldats grecs épousèrent en même temps dix mille femmes asiatiques.

Certes, ces accouplements forcés n'eurent pas les résultats escomptés. Nombre de ces hommes et de ces femmes, après la mort d'Alexandre, se séparèrent. Le rêve d'une société universaliste mené à partir d'un modèle étatique ne s'est pas réalisé. Malheureusement, d'autres exemples suivront dans l'histoire. Si la notion de métissage n'est pas explicitement formulée à cette époque, on trouve néanmoins dans l'Antiquité méditerranéenne, en dehors du projet politique et culturel d'Alexandre que nous venons de rappeler, des éléments qui vont permettre l'élaboration d'une pensée métisse*. Citons notamment les stoïciens, qui préconisent des valeurs d'individualité et de rationalité, plus importantes à leurs yeux que les intérêts régionaux et en particulier l'appartenance à la seule cité (*polis*) dont on est originaire. Dans leur conception de la société, pour laquelle la *polis* doit devenir une *cosmopolis* et les frontières dépassées, la notion d'étranger est alors superflue.

Il est vrai que la réalité de l'histoire méditerranéenne ne s'est pas construite selon cet idéal, mais beaucoup plus à partir de logiques de conquêtes (arabe, turque, romaine, chrétienne). Ces dernières cependant n'ont jamais détruit purement et simplement ce qui précédait. Les peuples conquérants eux-mêmes deviennent progressivement les héritiers des peuples qu'ils sont en train de conquérir. Le creuset méditerranéen, dans lequel se sont formées les trois grandes religions monothéistes, c'est celui de la rencontre continue de l'Orient et de l'Occident, celui de l'intrication étroite des cultures les plus diverses.

Le métissage suppose la mobilité, le voyage, et, à cet égard, le héros méditerranéen le plus célèbre est Ulysse, construction archétypale grecque, mais aussi universelle, de tous les voyageurs ; alors que l'antimétissage procède de la sédentarité ou plus exactement de la sédentarisation et de la stabilisation. On peut cependant se demander si la figure biblique d'Abraham n'est pas encore plus représentative dans la mesure où celui-ci ne revient pas à son lieu de départ.

Le grand brassage

Dans ce mouvement qui va donner lieu au plus grand brassage qu'ait connu l'humanité jusqu'à la découverte des Amériques, il convient d'insister sur le rôle décisif de la ville ainsi que de la mer elle-même. La ville tout d'abord. C'est notamment à partir des marchés et des places publiques, les lieux par excellence où s'effectuent les échanges, les lieux de l'acceptation ou du refus, que non seulement des peuples se côtoient, mais se rencontrent et se mélangent. Le métissage est principalement urbain, et les grandes villes méditerranéennes ont exercé chacune à leur manière le rôle de médiation entre des horizons culturels extrêmement variés. Il suffit de prononcer leurs noms. Elles recèlent une puissance d'évocation cosmopolite absolument incomparable : Byzance, Carthage, Cordoue, Beyrouth, Jérusalem, Séville, Kairouan, Gênes, Venise, Malaga, Damas, Le Caire, Smyrne, Salonique, Nicosie, Grenade, Palerme, Alicante, Alep, Alexandrie... Byzance, pendant un millénaire, où la composante grecque de la ville n'a cessé d'être prépondérante, constitue un pont entre l'Orient et l'Occident. À l'époque byzantine tardive (du XIIe au XIVe siècle), il existe plusieurs formes de métissage, en particulier le métissage gréco-latin : ceux que l'on appelait les Gasmouls, qui ne séparent pas, mais composent et déclinent les deux cultures. Devenue Constantinople, la ville échange ses produits, ses recettes de cuisine, ses idées. Puis, c'est Istanbul. À l'époque de Soliman le Magnifique, c'est une ville turque, mais aussi grecque, mais également arménienne, mais encore juive. Et que dire d'Alexandrie ? Elle est en Égypte bien sûr, et donc égyptienne, mais entre la seconde moitié du XIXe siècle et l'expédition de Suez, elle est tout autant grecque, juive, arménienne, italienne. C'est cette polyphonie qui va inspirer à Lawrence Durrell son *Quatuor d'Alexandrie*. Le métissage est une invention née du voyage et de la rencontre. Mais il ne suffit pas que les cultures se déplacent, se rencontrent et même se fréquentent pour que cette transmutation ait lieu. Souvent la multiplicité des populations réunies dans une même ville ne crée rien de semblable. Le processus du métissage commence lorsque la nationalité ne suffit plus à définir l'identité, mais bien plutôt l'appartenance même à ces villes-mondes (*cosmopolis*).

C'est ensuite la mer Méditerranée elle-même qui constitue l'espace de ces croisements, de ces mouvements de va-et-vient, de ces flux, de ces reflux. C'est par elle que s'effectuent les échanges mercantiles (le commerce de l'or, par exemple, rapporté du Soudan ou de la soie de Chine), guerriers, religieux (les conquêtes, mais aussi les pèlerinages), artistiques et scientifiques (le prestige de ces centres intellectuels qui ont pour noms Bagdad, Damas, Fès, Bologne, Padoue, Montpellier, la Sorbonne, vient du fait qu'ils se répondent les uns aux autres, animés par l'un des ingrédients nécessaires au métissage : la curiosité pour les autres). La Grèce, par exemple, recueille un legs oriental, puis le transmet en Italie et dans le monde arabe, lequel le conduit en Espagne et en Provence, et ainsi de suite.

Les différents peuples apportent et apprennent. Ils apportent, par exemple leurs propres animaux utilisés pour le transport (les Grecs, le cheval ; les Arabes, le dromadaire ; les Turcs, le chameau), et ils apprennent, par exemple, des techniques qu'ils vont diffuser ensuite (la culture du blé, mais surtout de la vigne et l'olivier qui sont les deux productions caractéristiques des sociétés méditerranéennes). Après quelques générations, nous oublions l'origine de ce que nous avons acquis, tant cela est devenu partie constitutive de nos comportements et de nos catégories mentales. Ainsi ce système numérique qualifié de « chiffres arabes » et qui est arrivé des Indes par l'intermédiaire des musulmans andalous et des moines catalans.

Ainsi un certain nombre de fruits qui dans les pays de langue romane ont des goûts bien de chez nous (l'orange, l'abricot), de boissons (les alcools, le café) et jusqu'au sucre que l'on met dans ce dernier : ils portent des noms arabes. Sans compter ce qui nous vient de beaucoup plus loin (des Amériques) : le poivron, le piment, l'arachide, le haricot, etc... paraissant la plus méditerranéenne de toutes, sans laquelle il nous faudrait renoncer aux pizzas, aux spaghettis à la sauce bolognaise et aux salades niçoises : la tomate, que nous devons aux Aztèques.

La circulation (des hommes, des animaux, des plantes, des techniques, des religions, des symboles) est tellement intense qu'il devient à la longue difficile de discerner des « éléments » ou des « influences » à l'état pur, c'est-à-dire ce qui a été élaboré sur place dans le creuset méditerranéen et ce qui est arrivé de l'extérieur. Il devient, les années passant, impossible d'effectuer un tri, de distinguer les processus d'adaptation (de ce qui vient de l'« extérieur ») et d'adoption (par ce qui est à l'« intérieur »). Adoptés ou adaptés, les techniques, les idées et les hommes sont réinventés.

L'exemple de la civilisation hellénique – le fameux « miracle grec » – vaut la peine que nous nous y arrêtions. La Grèce, pour beaucoup encore aujourd'hui, aurait une espèce de droit d'aînesse. On la crédite d'une priorité dans le temps qui lui assure une réputation inusable. Elle seule serait le modèle, et tous les autres la copie.

Les Grecs ont inventé le mot « barbares » (littéralement tous ceux qui, s'exprimant par onomatopées, sont incapables de parler le grec) pour désigner l'altérité conçue comme un état d'infériorité. La tragédie grecque en particulier se plaît à mettre en scène les « barbares », en rejetant les autres, et ce n'est alors qu'incestes, crimes, sacrifices humains : « une galerie d'horreurs en tous genres » comme le dit Josep Fontana, auteur d'une ouvrage récent sur l'Europe. Les « barbares », ce sont essentiellement les Asiatiques, et l'imaginaire grec de l'Asie est celui d'un monde informe, illimité, confus et dangereux auquel il convient de s'opposer. Mais à son insu, la Grèce va se « barbariser », c'est-à-dire s'orientaliser. Il n'y a pas plus grec qu'Apollon. Et pourtant, Apollon est un dieu d'origine « barbare ». Il ne parlait pas grec en naissant (en Grèce, les dieux parlent à leur naissance). Il n'y a pas plus grec que la blanche Athènes. Et pourtant, le symbole dont elle se dote – la chouette – n'a pas la clarté que l'on aurait pu attendre (Athéna s'éveille, s'ébat, s'envole à l'heure où l'on ne voit plus rien), alors que le nom même d'Athènes pourrait bien venir d'Asie. Ce que la Grèce doit à l'Orient, et en particulier aux Perses contre lesquels elle a combattu, est immense. Athènes même, cette cité autochtone et autonome, n'a cessé de s'enrichir – commercialement, artistiquement, scientifiquement, philosophiquement, religieusement – par tout ce qui arrive de l'étranger, les métèques en particulier, mot qui au ve siècle avant Jésus-Christ n'a pas la connotation contemporaine, mais désigne ceux qui, ne bénéficiant pas de la citoyenneté, « vivent avec ». Hérodote, par exemple, était à Athènes un métèque.

Ces processus au travers desquels l'ici et l'ailleurs, et en particulier l'Occident et l'Orient, s'opposent, mais aussi s'entremêlent, sont loin d'être le propre de la civilisation que nous appelons « hellénique ». Sénèque, le plus romain des philosophes, est né à Cordoue. Térence, le plus latin des auteurs de comédie de la Rome impériale, est un esclave africain. Saint Augustin, l'un des Pères de la théologie catholique, est berbère. C'est bien l'Europe elle-même qui a des origines métisses. Fille d'un roi de Phénicie, sa destinée lui valut d'être enlevée par Zeus, une divinité indo-européenne.

À ces exemples, il est toujours possible d'opposer des contre-exemples. Il y eut, et il y a, dans les sociétés méditerranéennes, des tendances résolument antimétisses, visant la purification par extirpation de l'autre de soi ou par la réduction au même. Ce qui est perçu comme corps étranger peut être soit rejeté, soit assimilé. Ce sont les conversions forcées, les croisades, les politiques de conquête et de *Reconquista**, les tribunaux de l'Inquisition obsédés par la « pureté du sang » (*limpieza del sangre*), l'expulsion des juifs de la péninsule ibérique, le massacre des protestants en France. Mais c'est aussi la Méditerranée de la ségrégation ethnique et religieuse, la Méditerranée de l'exclusion, à laquelle les plus « hautes civilisations » n'ont jamais totalement échappé.

Mais, et cela jusques et y compris dans les époques de colonisation, la Méditerranée relie plus qu'elle ne sépare. Elle apporte plus qu'elle ne retire. Les mythes certes ont la vie dure, et l'un d'entre eux est particulièrement tenace. C'est la fiction d'une Méditerranée d'une seule rive, inventée à partir de l'enfilade de la fameuse trilogie occidentalisante : sur le « miracle grec » l'« ordre romain », et sur l'« ordre romain » la foi chrétienne. Cette vision unilatérale qui ne retient que le complexe gréco-latin sur lequel se grefferait la chrétienté romaine est singulièrement exclusive de l'héritage arabe et oriental. Elle repose sur une triple amnésie : les passés asiatique, juif et musulman de l'Europe. Si donc les Européens sont amenés à assumer leur européanité, c'est la totalité de l'héritage, et non quelques parties amputées des autres qu'ils se doivent de revendiquer. La notion de « pureté » nationale, voire d'européocentrisme, cherchant à tout prix à se protéger des menaces « allogènes» n'a aucun sens anthropologique. Elle est en contradiction avec l'histoire métisse de l'Europe.

La Méditerranée enfin, c'est un certain art de vivre, ainsi qu'une esthétique née de la rencontre des peuples, et avec eux des cuisines, des musiques, des styles architecturaux, qui a profondément transformé les uns et les autres. Si les hommes et les femmes qui ont grandi en Méditerranée risquent d'être tenus pour plus versatiles et inconstants qu'ailleurs, c'est que l'on est effectivement ici entre deux rives, entre le rire et les larmes, entre la gravité et la frivolité, la noblesse et la trivialité. Ce monde-là zigzague, oscille, ondule, comme les vagues de la mer Méditerranée, qui le plus souvent ne sont pas bien fortes, entre ce qu'il y a de plus sacré et ce qui est résolument profane, entre les trois grandes formes du monothéisme et l'univers des innombrables paganismes, entre ce qu'il y a de plus sage (les écoles dites précisément de sagesse) et ce qu'il y a de plus fou (les cultes à mystère, l'ésotérisme, la mystique de sainte Thérèse d'Avila [1515-1582] dont on rappellera ici les origines marranes*). C'est de ce dialogue, notamment entre la passion et la raison, l'ordre et le désordre que sont nés l'humanisme, la laïcité, l'esprit cette fois pleinement européen qui se réclame de la totalité de ses composantes.

Au moment de la formation du royaume d'Espagne en 1447, jamais le pouvoir de l'Église sur les sociétés méditerranéennes n'a été aussi fort. C'est pourtant à ce moment que la trajectoire expansive et attractive de la Méditerranée commence à se renverser. L'année 1492 est à cet égard emblématique : on assiste simultanément à la chute de Grenade, à l'expulsion des juifs et des musulmans de l'Espagne et à la « découverte » de l'Amérique. Ces événements sont étroitement liés entre eux. Ils participent d'une même logique qui vise à en finir avec le passé métis de l'Europe. En ce qui concerne l'Europe en tout cas, c'est à partir de cette époque que les regards commencent alors à se détourner de la Méditerranée. Les échanges sont de moins en moins méditerranéens et de plus en plus transatlantiques. Ils s'effectuent désormais davantage à partir de la Hollande, de l'Angleterre, de la France et du Portugal, c'est-à-dire des pays qui ont les yeux fixés sur le continent américain.

L'invention des Amériques latines

Dans la reconstitution de la genèse des États-Unis d'Amérique, l'océan Atlantique est souvent comparé à la mer Rouge qui laisse passer le peuple élu avant de se refermer. Or, c'est rigoureusement l'inverse qui s'est produit au Sud. Les sociétés d'Amérique latine, loin d'être animées par une logique de rupture et de pureté hostile au mélange, se constituent comme des prolongements de l'Ancien Monde et vont créer des sociétés de transition, ce que l'on pourrait appeler des espaces intermédiaires entre les Indiens, les Noirs et les Européens. Commençant à s'installer au plus près des tropiques, les *conquistadors** vont s'adapter à l'écologie tropicale. De plus et surtout, n'arrivant pas en famille, mais en hommes célibataires, ils vont avoir des relations avec les indigènes, puis avec les Africaines.

Certes, une politique de ségrégation entre les Espagnols et les Indiens sera inscrite dans la loi, mais elle ne sera jamais respectée. En prenant pour maîtresse une indigène, doña Maria, Cortés donne l'exemple : il ouvre la voie au métissage.

En Amérique latine, le refus total de la civilisation ibérique est depuis le début une impossibilité, car l'ibéricité n'est jamais purement l'altérité, encore moins une figure de l'étranger, mais une composante de l'identité. Une composante qui, avec l'indienne et l'africaine repensées en terre américaine, et toutes les autres européanités arrivées à partir du XIXe siècle – les Italiens, les Allemands, mais aussi les Polonais, les Tchèques, les Russes –, sans compter les vagues migratoires arabes et, plus récemment asiatiques, va former des sociétés nouvelles dont le profil est encore loin d'être achevé. Dans ces nations encore très jeunes, constituées par la rencontre de cultures extrêmement disparates, l'Espagne et le Portugal peuvent être considérés comme le creuset mais non le modèle, qui lui aussi vient d'ailleurs : non seulement des conquistadors, mais des *libertadors** imprégnés des idées anglaises et françaises du XVIIIe siècle.

Le métissage – qui consiste alors dans la différenciation* extrême de soi-même pouvant aller jusqu'à la présence de l'autre en soi comme dans les cas des cultes de possession – est souvent plus culturel que proprement ethnique, l'originalité majeure de ces sociétés étant d'avoir réussi à créer des identités plurielles relativement indépendantes de la couleur de la peau. De même qu'au Brésil, des petits-fils d'immigrés allemands ou italiens revendiquent aujourd'hui le passé *yoruba** des esclaves noirs et ne sont pas loin de penser que les Européens sont des intrus, tel Mexicain de sang totalement espagnol se considérera volontiers comme un descendant des Aztèques.

C'est certainement dans le champ religieux que ce processus de confrontation, et plus encore de démultiplication des personnalités et des cultures, apparaît sous son plus fort grossissement. Rappelons d'abord qu'à l'exception des politiques de conversion par les missionnaires catholiques mais aussi protestants (depuis une vingtaine d'années, on assiste à l'entrée en force spectaculaire des mouvements évangéliques et pentecôtistes), le continent latino-américain peut être considéré comme un continent d'une très grande tolérance religieuse. On assiste notamment à des phénomènes de double, de triple, parfois même de quadruple appartenance religieuse. Il est possible, par exemple, de participer à un culte afro-américain tout en étant catholique, car comme le dit le père Aristide (ancien président de la république d'Haïti), « dans les veines du vaudou coule un sang chrétien ». L'immense pèlerinage de la Vierge de Guadalupe au Mexique est bien une cérémonie chrétienne ; mais c'est aussi un hommage rendu à des divinités précoloniales. Christianisme certes, mais christianisme indianisé ou, si l'on préfère, religion pagano-chrétienne. Cela peut apparaître comme une contradiction, mais certainement pas aux fidèles mexicains qui, n'ayant pas été formés dans le dualisme des Occidentaux, ne peuvent évidemment pas distinguer une « composante » aztèque et une « composante » chrétienne de leur dévotion, laquelle « composante » chrétienne ne pourrait pas être celle de l'Europe latine mais du catholicisme mexicain.

Dans le spiritisme latino-américain et notamment brésilien – qui a son équivalent en Asie du Sud-Est dans le caodaïsme* –, on assiste à la démultiplication de ce que l'on appelle les « esprits », qui peuvent être considérés comme des milliers d'instances psychologiques potentielles liées en particulier à la mémoire européenne. Les entités invoquées dans le cadre des cultes afro-brésiliens sont, elles, arrivées du Bénin, du Nigeria et du Congo avec la traite des esclaves déportés au Nouveau Monde. Dans les grandes villes brésiliennes en particulier, il est frappant de voir qu'afin de faire face aux situations contradictoires auxquelles ils sont confrontés, les individus parviennent à développer plusieurs facettes de leur personnalité. Dans les communautés de candomblé*, on apprend à intérioriser – mais aussi à extérioriser – les caractéristiques de son *orixà** principal, mais chacun possède deux, trois, parfois quatre orixàs. Cependant c'est dans l' Umbanda*, la religion nationale des Brésiliens, créée de toutes pièces par des intellectuels dans les années 1930, à la même époque que le culte de Maria Lionza au Venezuela, que culmine ce mouvement d'irruption des autres en nous. Au cours d'une cérémonie d'environ deux heures, un individu en transe peut virtuellement « incorporer » la totalité des « entités » de la religion, qui sont en fait l'ensemble des personnages de la mythologie populaire brésilienne (le pilote Ayrton Sena par exemple est l'un des plus récents), mais aussi beaucoup de personnages venus d'ailleurs, de France

(Charlemagne – Mestre Carloscensé « tout savoir sans rien avoir appris », saint Louis, Jeanne d'Arc), d'Espagne (Maria Padilla, « la grande reine des Bohémiens » arrivée en Amérique du Sud à travers Prosper Mérimée), d'Asie (Bouddha, Gandhi). Il n'existe à proprement parler aucune limite à l'enrichissement de ce panthéon qui se reconstruit en permanence beaucoup moins par la mémoire collective des racines que par ce qui est capté par des antennes qui sont de plus en plus en « interconnexion » planétaire.

Ce qu'il convient de rappeler enfin, c'est que le métissage est loin d'être toujours et partout valorisé, même lorsque l'on se trouve en présence non plus de cultures ataviques, mais de cultures composites, pour reprendre la distinction de l'écrivain antillais contemporain Édouard Glissant, comme c'est le cas dans les Caraïbes, les Guyanes, au Venezuela, en Colombie, ainsi que dans la majeure partie du Brésil, du Mexique et de l'Amérique centrale. L'exaltation de la « créolité » ou de la « démocratie raciale » (terme souvent utilisé pour désigner le Brésil) ne saurait minimiser le fait que même dans ces Amériques qualifiées de métisses, c'est-à-dire formées dans le système raciste et paternaliste à partir de la rencontre des maîtres européens et des esclaves africains, les Blancs ont massivement refusé au cours de l'histoire la composante noire de la société. Ils ont entretenu une obsession chromatique, une véritable phobie de la couleur noire, qui a donné lieu à la construction de nombreuses échelles de couleur qui comportent plusieurs dizaines de graduations, allant du blanc le plus clair au noir le plus foncé.

L'Amérique latine produit, réprime et, nous allons le voir bientôt, valorise le métissage moins simultanément qu'alternativement, selon les circonstances auxquelles les individus et les groupes sociaux sont confrontés. On comprend, dès lors, pourquoi la condition métisse est souvent difficile à assumer. Une partie de soi participe de la couleur et de la culture des descendants des esclaves et une autre de celle des descendants des maîtres. Une partie de soi, marquée chromatiquement par une trace d'infamie, est susceptible de réactualiser la révolte ou la honte et une autre, par une trace de domination, de faire resurgir de la culpabilité. C'est dire que le métissage n'est pas toujours festif et joyeux. Il peut être aussi conflictuel et douloureux, y compris dans ces pays qui, comme le Mexique ou le Guatemala, célèbrent la composante indienne de la nation, rappel permanent d'une équivoque qui renvoie à la séduction, voire au viol, de la femme indienne par le mâle espagnol.

Cela étant posé, nous nous trouvons confrontés à un brassage continu de peuples extrêmement diversifiés, c'est-à-dire à des processus beaucoup plus complexes encore, car ce n'est jamais seulement l'Europe qui se serait purement et simplement substituée aux sociétés précolombiennes et aurait soumis les Africains et leurs descendants. Nous sommes en présence d'un mouvement générateur de cultures qui doivent être qualifiées d'américaines, absolument irréductibles à la somme de leurs « composantes ». La question du métissage surgit en particulier au Brésil et dans les Caraïbes, mais aussi à l'île Maurice et à l'île de la Réunion, lorsque le flux des imbrications est tel qu'il devient vain de se demander à quel fleuve principal appartiennent les différents affluents – et ceci est essentiel, car la culture vers laquelle on va l'emporte sur la culture dont on vient. Or c'est précisément le cas aujourd'hui du continent latino-américain, continent en voie de délatinisation, sur lequel les transformations par le divers sont au moins autant significatives que la reproduction du même.

Ce que ces Amériques – qui ne sont donc pas seulement latines – ont inventé, c'est un style de vie, des manières d'être, des façons de voir le monde, de rencontrer les autres, de parler, d'aimer, de haïr, dans lesquels la pluralité est affirmée non comme fragilité provisoire, mais comme valeur constituante. Bien entendu, les métissages qui relient, qui peuvent être considérés comme culturels plutôt que comme structurels, ne sauraient dissimuler les spécificités qui excluent. Il n'empêche qu'il est illusoire de rechercher dans ces sociétés le type de cohérence qui organise les sociétés de la « tradition » ou les sociétés de la « raison ». Tout se passe comme si, dans ces dernières, on avait besoin pour penser de distinguer et d'opposer le blanc et le noir, la tradition et la modernité, la civilisation et la barbarie, le passé et le futur, le profane et le sacré, le public et le privé ... Les sociétés qui se sont qualifiées de « rationnelles » supportent avec difficulté l'ambiguïté et l'ambivalence du devenir métis. Elles se défient de la pluralité et cherchent à imposer des conduites dominantes exclusives, une vision unique du monde orientant toutes les sphères de la vie sociale.

Ce qui nous frappe chez les Latino-Américains, c'est, au contraire, leur capacité à être occidentaux et non-occidentaux, intellectuels et sensuels, modernes et traditionnels, athées et religieux, chrétiens et païens, raisonnables et sentimentaux, critiques et lyriques et parfois, à l'image de Macounaïma, l'antihéros de l'ouvrage du même nom de Mario de Andrade (*Macounaïma*, 1928), honnêtes et menteurs. Cette aptitude (que l'on rencontre en particulier au Brésil) à relier ce qui en bonne logique cartésienne s'exclut, mais plus encore le fait que ce mélange ne soit pas de la confusion et que l'on puisse vivre sans séparation schizophrénique une double, une triple, une quadruple identité est souvent déconcertant.

Certains auteurs (Antonin Artaud au Mexique, Roger Bastide au Brésil) éprouvent de la fascination pour une composante particulière de ces Amériques indo-afro-européennes. Or, leur apport totalement original vient de ce qu'elles ont façonné des identités plurielles qui s'expriment d'une manière particulièrement créatrice non seulement dans la cuisine, la musique, la chanson, la peinture, le théâtre, la danse, l'architecture, mais aussi les religions, la langue, la politique, les sciences sociales et jusque dans les minuscules activités de la vie quotidienne qui ne se présentent jamais avec les frontières tranchées que les Européens et les Nord-Américains ont, à leur insu, intégrées.

chapitre 2

Les métissages linguistiques

Il est aisé de lire l'épisode de la tour de Babel tel un mythe de métissage. Là où il y avait « langue une », selon l'expression biblique, surgissent une multiplicité d'idiomes et une dispersion linguistique qui est avant tout diversification, retournant la malédiction en bénédiction et ouvrant les espaces du dialogue. Opération métisse qui permet de considérer l'ensemble des langues, dans leurs rapports mutuels et leur complémentarité, comme constituant, par leur exercice et en tant que telles, le phénomène du langage. Si l'histoire de l'humanité retient les tentatives de revenir à l'état antérieur (Umberto Eco a retracé cette « quête d'une langue parfaite »), un certain nombre de pratiques langagières se fondent en revanche dans l'idée même de ce pluralisme originel. Depuis la Renaissance, les langues, comme les États, se définissent par des frontières : intérieures (grammaire et bon usage), extérieures (découpages nationaux). Deux phénomènes cependant battent en brèche cette considération en faisant que les langues se rencontrent et s'épousent : la créolisation et la traduction.

Les langues créoles

Pour assurer une communication maximale, on peut repérer trois modèles de *lingua franca* (à noter que le premier sens de ce terme, au temps des croisades, fait référence à des jargons nés de mélanges de langues) : les langues ayant acquis ce statut par un jeu de pouvoir, politique ou culturel (grec, latin, arabe, français, anglais) ; les langues artificielles, rationnellement et idéologiquement construites (volapük, espéranto) ; les pidgins et créoles. Si les premières ne sont jamais pures d'influences antérieures ou extérieures, c'est le troisième modèle qui nous intéressera ici, étant par essence et par fonction composite.

Il renvoie à une langue (spécifique et autonome, non un patois) créée par modifications et variations à partir de la rencontre d'une langue de base et d'autres idiomes dans le contexte initial du trafic des esclaves. Le terme « créole » a d'abord eu un sens anthropologique (natif des colonies) et le sens linguistique, apparu tardivement, retient naturellement la dimension métisse. L'articulation est cependant difficile entre langue, culture et identité créoles, la proportion et la réussite du métissage n'étant pas les mêmes aux trois niveaux et les enjeux politiques pesant fortement. On recense entre cent et deux cents langues pidgins ou créoles. Un pidgin, langue d'appoint, à usage occasionnel entre des locuteurs de langues différentes, qui devient langue maternelle, acquiert le statut de créole mais les études sociohistoriques et sociolinguistiques ont montré que les créoles sont davantage le produit de processus d'apprentissage, d'appropriation, de particularisation et d'autonomisation – ce qu'on nomme la « créolisation – de la langue des colons par une population esclave. Rajoutons que cette langue des « maîtres » était déjà une variante par rapport à la langue standard (celle des XVIIe et XVIIIe siècles) et que les esclaves présentaient une extrême diversité ethnique et linguistique.

Les créoles sont regroupés en fonction de leur origine : formés à partir de l'anglais, du portugais, de l'espagnol, du français, du néerlandais ou autres langues européennes, voire, pour certains linguistes, africaines. On ne peut parler de créoles qu'au pluriel, même au sein d'un même groupement et ainsi distinguer pour les créoles français deux principales aires géographiques (sans compter l'Afrique) : l'Amérique et les Caraïbes (Louisiane, Haïti, Guadeloupe, Martinique...), l'océan Indien (La Réunion, l'île Maurice, Les Seychelles...), ou pour les créoles portugais : l' Afrique (Guinée, Cap-Vert, Casamance), les Caraibes (Curaçao), l'Asie (Inde, Sri Lanka).

Ces formations posent de nombreux problèmes de descriptions génétiques et structurales, suscitant des approches et des théories divergentes, où les positions idéologiques ne sont pas absentes. Un point très controversé touche par exemple à la nature linguistique des créoles : quelle est la part de la langue européenne et la part du substrat africain ? Sont-ce des « langues mixtes » ? Sont-ce des structures à grammaire africaine et à lexique européen ? Doit-on les considérer comme des « langues simplifiées » ou restructurées ? Comment interpréter les proximités des créoles d'une même famille et les analogies de l'ensemble des créoles ? La créolistique est ainsi d'un apport fondamental non tant sur la question de la genèse du langage et des langues comme on l'a longtemps cru (les hypothèses sont encore hasardeuses), mais plutôt comme observatoire des fonctionnements du métissage.

Sociologiquement, le créole se constitue d'une série de tensions : entre oralité et écriture, ruralité et urbanité, classes cultivée et populaire, archaïsme et modernisation. Mais son statut n'est désormais plus celui d'un dialecte bâtard et dérivé : objet d'étude scientifique et d'enseignement à tous les niveaux, il est considéré comme une langue à part entière, facteur d'aménagement linguistique, langue administrative et officielle et langue de création artistique. La créolisation devient même une attitude dépassant les particularités ethnolinguistiques pour tendre à l'universel. C'est l'esthétique libre et libérée que célèbrent les Antillais Jean Bernabé, Patrick Chamoiseau et Raphaël Confiant dans *Éloge de la créolité* (Gallimard, 1989). C'est l' « intervalorisation » que met en avant Édouard Glissant lorsqu'il définit « l'identité comme rhizome, [...] non plus comme racine unique mais comme racine allant à la rencontre d'autres racines » (*Introduction à une poétique du divers*, Gallimard, 1996). Tout comme la traduction, le créole prouverait même la possibilité, entre les appartenances identitaires, de métamorphoses mutuellement fécondantes.

La traduction

La vue commune en matière de traduction repose sur des notions d'équivalence et de fidélité. Entre le texte de départ (ou texte-source) et le texte d'arrivée (ou texte-cible) s'établirait un rapport de dépendance où le second vient remplacer le premier en tentant de reproduire (au maximum) d'abord son sens ou message puis, accessoirement, ses composantes formelles. L'opération devrait cependant ne pas trahir l'original quoiqu'un adage italien bien connu en traductologie (discipline désormais accueillie parmi les sciences humaines) répète à satiété *traduttore traditore* (traduire, c'est trahir).

Cette conception traditionnelle s'appuie sur trois principes : le sens serait isolable de la forme ; le texte est réductible à un noyau sémantique figé à reconnaître par le traducteur ; la relation entre les deux énoncés est asymétrique, l'important étant de faire passer le message dans le texte-cible. Or une telle théorie est marquée à la fois d'idéologie et d'illogisme : il s'agit d'accueillir l'étranger en lui ôtant toute marque d'étrangeté, accepter l'autre s'il a perdu toute marque d'altérité.

Il est loisible d'opposer une contre-argumentation aux trois points précités. S'il est vrai que ni « pain » ni « *bread* » ne contiennent l'essence de cet aliment, on sait que ce qui se retrouve sur une table française ou sur une table britannique n'a ni le même goût ni la même fonction. Et, sur certaines tables, on ne trouve que du riz ou des galettes de maïs ! En outre, le pain offert dans un texte non pragmatique (religieux par exemple) ne vaut pas pour ses qualités nutritives mais symboliques particulières. À un autre niveau, la présentation même est signifiante : les répétitions ou les espacements dans l'hébreu biblique sont chargés de signification, de même que la typographie d'un article de journal ou d'un message publicitaire. C'est dire qu'il n'existe pas de royaume platonicien où le sens serait univoque et qu'il s'avère impossible d'effacer le contexte, le cadre culturel et le réseau de connotations du texte original (données subsumées dans la notion de forme). Plutôt qu'opposer traduction selon l'esprit ou selon la lettre, comprenons que les deux sont indissociables et complémentaires.

Par ailleurs, il en va de la nature de la langue et de la culture que d'être polysémique et en continuelle transformation. Le locuteur francophone du XXe siècle comprend-il Rabelais, l'anglophone Shakespeare ou l'italophone Dante sans médiation ? La tâche est encore plus ardue s'il faut les faire passer en une autre langue. La traduction d'un texte ne sera jamais que la somme de ses traductions successives et la fidélité reste constamment à redéfinir. Au demeurant, l'histoire nous apprend que l'idéal de la traduction varie selon les époques : le XVIIe siècle privilégiait les « Belles Infidèles », qu'on appellerait aujourd'hui des adaptations, et le XIXe siècle romantique défendait la traduction-calque (Chateaubriand traduisant Milton, ou Leconte de Lisle *L'Odyssée*).

Enfin, pourquoi traduire devrait-il signifier rendre un texte comme si l'auteur l'avait écrit directement dans-la-langue-d'arrivée-et-de-nos-jours ? Une telle attitude tend à effacer la distance entre les langues au nom d'un principe de communication et de compréhension universel qui s'avère incontestablement fragile. La traduction pourrait, et devrait au contraire, marquer la distance entre les langues, montrer qu'il existe des langues différentes. La notion et le terme de traduction n'apparaissent qu'au XVIe siècle, quand se forment les délimitations linguistiques et nationales. Son rôle est donc de rappeler aux locuteurs d'une langue donnée qu'il est possible de dire le monde d'une autre façon, avec un autre accent, d'autres couleurs. Faire entendre dans sa propre langue la langue autre, y faire entrer de l'étrangeté qui enrichira les possibilités de l'expression et l'identité du sujet. Le même n'existe que s'il reconnaît l'autre, en dehors comme en son sein. Goethe déclarait ne plus relire son *Faust* que dans la traduction de Nerval. Entre deux langues, la relation sera non un transport mais un rapport, comme le rappelle Henri Meschonnic. On parvient ainsi à la notion de « texte traductif », forme mouvante et métisse qui englobe textes de départ et d'arrivée et peut agir comme modèle d'intersubjectivité.

La traduction est dialogue entre les langues. Or il en va du dialogue comme de la rencontre et du voyage : sa valeur tient dans la distance parcourue.

chapitre 3

Des métissages et des cultures

Le métissage s'offre comme un modèle de civilisation qui va inspirer, au long de l'histoire, différentes configurations culturelles.

Nous privilégierons trois exemples pris dans des conditions spatio-temporelles distinctes. Ces illustrations relèvent d'une même ère géographique, non pour sacrifier à un eurocentrisme qui contredirait la visée même de notre exposé mais parce que le métissage y façonne une définition européenne de la culture où l'ouverture à l'altérité y est garante de développement et de vitalité. La fermeture et la revendication de l'homogène sonnent *a contrario* le glas du devenir consubstantiel à la notion de civilisation ainsi comprise. Nul besoin de rappeler les sinistres périodes qui l'ont tragiquement démontré.

L'Andalousie au Moyen Âge

L'Islam de la dynastie des Omeyyades crée du VIIIe au XIIe siècle, à partir de Cordoue, Grenade, Séville, Tolède et Malaga, une civilisation métisse extrêmement raffinée qui imprègne indissociablement la mystique, la religion, la magie, la philosophie, la traduction, la pensée juridique, la théologie, l'architecture, la poésie, la musique et la science. C'est par la médiation de l'Espagne (ainsi que de la Sicile) et par l'intermédiaire d'hommes et de femmes de culture musulmane, poursuivant un travail de réflexion commencé en Orient, que l'Europe médiévale accède à la pensée grecque. Il existe alors un complexe gréco-arabo-musulman, une tradition appelée la *falsafa** qui va contribuer à l'hellénisation tant du judaïsme que du christianisme. Cette tradition est une tradition de langue arabe, que les juifs et les chrétiens considèrent comme leur langue (ainsi Moïse Maimonide (1135-1204), théologien, philosophe et médecin juif, écrit-il son *Guide des égarés* en arabe et non en hébreu).

Dans cette civilisation andalouse, caractérisée autant par ce qu'elle recueille que par ce qu'elle transmet – et dont le rayonnement s'étend à toute l'Europe – les juifs constituent une sorte de passerelle entre les idées et les hommes et aussi entre les chrétiens et les musulmans. Beaucoup de chrétiens, à la suite des conversions dues à l'Inquisition, sont d'origine juive. Et la Kabbale juive va à son tour influencer ces derniers au point de donner naissance à une Kabbale chrétienne. Les juifs – qui vont, eux aussi, traduire en latin des textes grecs – contribuent ainsi à l'enrichissement d'*al-andalus* (nom, notons-le, d'origine wisigothique) que l'on ne peut seulement qualifier d'hispano-arabe, en raison notamment du nombre important de berbères, d'hispano-musulmane ou d'hispano-chrétienne. Les préoccupations pour le savoir – scientifique, littéraire, artistique, religieux – trouvent l'une de leurs expressions majeures dans ces fameux « établissements d'enseignements communs », les *medrasa*, fréquentés par des jeunes gens des trois confessions qui partagent une même histoire.

Ce qui est donc spécifique de l'Andalousie médiévale, c'est beaucoup plus qu'un climat de simple tolérance entre des communautés qui coexisteraient en se respectant. Ce n'est pas pour autant la fusion des diversités culturelles dans une unité, mais plutôt une confrontation permanente qui non seulement relie, mais transforme les uns et les autres. Chacun conserve sa propre identité tout en se réclamant d'un héritage commun. La culture marrane (juifs convertis de force puis expulsés) et la culture maurisque* (musulmans convertis de force puis chassés d'Espagne) posent évidemment d'autres questions que celles que l'on peut se poser à propos de la culture des mozarabes* (métis mais non convertis de force) qui pratiquent eux en toute tranquillité la religion de leurs ancêtres – le catholicisme – tout en ayant adopté la langue et les coutumes arabes.

Cette « aventure de l'esprit » comme l'a qualifié l'écrivain argentin Jorge Luis Borges culmine à notre avis dans la démarche d'ibn Ruchd (1126-1198), ben Ruchd en hébreu, Averroès en latin – traducteur et commentateur de l'œuvre entière d'Aristote, qu'il transmet aux juifs et aux chrétiens. Ce que l'on a appelé (à tort à notre avis) la doctrine de la « double vérité » consiste à montrer qu'il existe deux voies distinctes – la religion et la raison – pour parvenir à la vérité, ces deux voies devant être respectées, et d'abord reconnues dans leur autonomie. La légitimité de la rationalité philosophique, affirmée par un musulman, ne consiste pas à réduire la foi à la raison ni à mettre à proprement parler la raison au service de la foi, mais à avancer vers une complémentarité dont la révélation et la raison sortiront l'une et l'autre enrichies.

Le débat introduit par ibn Ruchd tant dans le christianisme latin que dans le judaïsme (et non dans l'Islam, qui ne recueillera pas son héritage) montre, s'il en est, qu'il peut exister une européanité arabe, voire une composante musulmane de cette identité ainsi qu'une modalité arabe de la rationalité européenne. Ce n'est qu'avec la désintégration du métissage andalou, avec le triomphe de la politique de la Reconquista catholique que l'on va commencer à opposer les deux rives de la Méditerranée, l'Occident et les autres.

L'Europe de la Renaissance aux Lumières

Si le vent de l'émancipation se met à souffler au XVIIIe siècle, n'allons pas croire que les siècles précédents n'aient plus de leçons à nous donner. C'est une Europe d'avant les États-nations où les frontières ne se dressent pas comme d'infranchissables cloisons : d'Érasme à Descartes, puis à Leibniz, les philosophes voyagent d'une cour à l'autre et un émigré du nom de Mazarin peut devenir ministre au royaume de France. Un des illustres fils musiciens de Jean-Sébastien Bach offre un savoureux exemple de cette circulation des hommes et des idées. Né et formé en Prusse, Johann Christian Bach s'installera en Italie où il se fera appeler Giovanni Bach pour finir sa carrière en Angleterre sous le nom de John Bach.

« Un honnête homme c'est un homme mêlé », affirmait Montaigne. Alors que se mettait en place la scène de la modernité, le savoir se payant autant d'audace que de doute, la phrase des *Essais* (III, IX) décrit la vanité d'une identité qui se voudrait sereinement entière. Le temps de Montaigne est celui de Rabelais, de Shakespeare, de Cervantès, de Calderon. Par leurs écrits, ils montrent que cette humanité mêlée est une donnée culturelle d'un Occident qui, au XVIe siècle, s'expose aux autres pour mieux se connaître.

Représentant ce dernier choix, le métissage ne serait effectif s'il n'était que thématique ou idéologique. Dans le domaine littéraire, l'écriture même doit être métisse : le texte biblique, modèle par excellence, n'est-il pas un assemblage de récits, poèmes, homélies, prescriptions ? Se trace ainsi une voie majeure jusqu'à nos jours, non sans résistances et éclipses. Trait immédiat, cette littérature ne se donne pas comme telle, refuse d'être jugée par le sérieux ou la noblesse qui s'y attacheraient. « La juste heure d'escrire ces haultes matières et sciences profundes » est celle où l'on boit et l'on mange, confie le prologue du *Gargantua*. Et dans celui du Don Quichotte, Cervantès affirme n'être que le beau-père, non le père, de l'ouvrage, simple traduction d'un auteur maure. Livres carnavals, défilés parfois torrentiels de mots, de phrases et d'images où la gravité se pare de bouffonnerie. Le monde est un théâtre pour Shakespeare, et le théâtre un monde où se confondent l'histoire et la chimère, la comédie et la tragédie (les sexes même : acteurs masculins jouant des rôles féminins, comme dans le kabuki). Message similaire chez Calderon dont les pièces intègrent musique et scénographie élaborée pour mieux convaincre le spectateur de la proximité du rêve et de la réalité.

Le XVIIe siècle, tout à son classicisme, aurait-il effacé ce courant, sacrifié le métissage à l'unité de ton, la bigarrure au monochrome ? Certes il codifie et régule, moralise et « tragédise », « jansénise » et rationalise. Jardins à la française et Académie du même nom. Mais le baroque, venu d'Espagne et d'Italie, ne cesse d'y souffler, bousculant les perruques et les genres. La salle de spectacle ne fait pas oublier le tréteau de la rue, les règles de bienséance de la tragédie ne recouvrent pas les éclats familiers ou vulgaires de la farce. La retenue voisine avec l'excès. Libertins et burlesques, déjà, ont su cultiver jeu et dérision : contre Malherbe, Théophile de Viau et Saint-Amant. On s'émeut du pittoresque des tragi-comédies, on s'extasie devant les décors extravagants des pièces à machines. Pour comprendre l'homme d'alors (et de toujours), rions évidemment avec Molière qui écrit des comédies-ballets (*Le Bourgeois gentilhomme, Le Malade imaginaire*) et mélange les inspirations, le comique et le pathétique (*Tartuffe, Dom Juan*). Mais ne craignons pas non plus de méditer avec Pascal, entre le « divertissement » et la prière, entre la science et la théologie. Dans les *Pensées*, la spéculation philosophique s'appuie sur l'observation (vignettes, portraits et maximes) du moraliste et s'y retrouvent ainsi tout à la fois le siècle de Bossuet et celui de La Bruyère. La fable de La Fontaine se fonde sur une zoologie métisse (l'homme est animal et l'animal humain). Son inspiration ne l'est pas moins quand il prend parti, dans la querelle des Anciens et des Modernes*, pour les premiers qui, s'ils posent l'Antiquité en modèle, n'ont rien d'archaïque : « Mon imitation n'est pas un esclavage. » Le vers résume une poétique du métissage (transhistorique) qui n'est pas soumission, mais dialogue et recréation.

La naissance et le développement de l'opéra au XVIIe siècle sont indissociables de l'art baroque dont il est le genre musical par excellence. Or, le baroque pratique le métissage comme une seconde nature, peut-être sa première. Au point que nous aurions pu évoquer le baroque en traitant des arts plastiques ou de littérature : la scène baroque est celle qui réunit les arts et les genres, le verbe, l'image et la musique. Dans l'esthétique baroque, tout élément cherche à déborder ses limites pour tendre vers un autre et le rejoindre, dans une constante dynamique de décentrement, de débordement et de transformation. C'est fondamentalement un art de la métamorphose, du métissage des formes. Dans sa jubilante vitalité, quasi organique, la luxuriance baroque apparaît toujours en mouvement, tout à l'opposé du hiératisme classique, comme le montrent les œuvres sculptées du Bernin et de Puget, les peintures du Greco et de Zurbaràn, les écrits de Baltasar Gracian ou d'Agrippa d'Aubigné. La « folie du voir » (du titre de l'ouvrage paru en 1986 de la philosophe Christine Buci-Glucksmann) baroque entraîne le métissage des esthétiques : les arts visuels (y compris dans le domaine religieux) se théâtralisent, et le théâtre s'offre au délice du regard.

La culture européenne de l'époque encourage d'ailleurs d'autres types de spectacles pratiquant le mélange des genres : le ballet de cour, le divertissement, la comédie-ballet, la tragédie-ballet, la pièce à machines, comme autant de déclinaisons de l'art de la fête, célébration à la fois esthétique et politique (gloire du roi et du royaume), dont la rhétorique est entièrement au service de l'illusion et de la séduction. Peinture, sculpture, architecture, génie mécanique collaborent pour créer la scénographie où texte et musique visent à l'enchantement. Parmi les maîtres d' œuvre, les noms de Lulli, Rameau, Gluck, et Molière, Corneille, Racine, Rubens.

L'opéra, depuis sa naissance jusqu'à nos jours, joue sur le partage, la juxtaposition ou l'empiétement des espaces, visuels (coulisses, scène et fosse) et sonores (chanteurs/orchestre et chanté/parlé). Il semble obsédé par le fantasme de l'œuvre d'art totale « non seulement parce que les divers arts y collaborent mais parce que la conjugaison de contraires qui s'y produit peut porter le spectacle au degré de tension le plus extrême » (Michel Leiris). Et si nous considérons son évolution au XXe siècle, n' est-ce pas cette possibilité qui lui a encore permis – de même que le ballet (*L'Oiseau de feu, Le Sacre du printemps*) – d'accueillir sur un mode ludique (Weill-Brecht, Strauss), féerique (Bartók, Debussy, Ravel) ou tragique (Schönberg, Berg, Zimmermann, Janácek) les grandes questions de la modernité, au point de connaître depuis les années 1960 un regain d'intérêt qui lui a ôté sa réputation élitiste pour l'inscrire pleinement dans l'horizon culturel contemporain ?

Si l'idée du progrès fut attachée à la querelle des Anciens et des Modernes, les « philosophes » en feront un principe central. La tentation fut grande alors pour le siècle des Lumières de céder à un nouveau dogmatisme dicté par la raison et d'en déduire une esthétique non moins rigide. Certains y succombèrent, mais le métissage conserva son attrait. La liberté de l'esprit appelle celle de la forme. Le nom de Diderot s'impose, et *Jacques le fataliste et son maître* apparaît comme un exemple d'écriture vagabonde et sans contraintes. Avec ses zigzags et enchâssements narratifs, l'ouvrage se pose en modèle de cet art du complexe et du relatif, « l'esprit du roman » valorisé par Milan Kundera. L'époque célèbre la fortune du conte (fût-il, sous la plume de Voltaire, bien plus ordonné et didactique), forme souple qui permet surprises et variations autant que des échappées du côté de l'épique, du picaresque, du burlesque ou du théâtral. Présence aussi de Rousseau, musicien, écrivain et botaniste, celui des *Confessions* (« labyrinthe obscur et fangeux ») et des *Rêveries*, ouvrage composé de dix « promenades » : écriture de l'errance et errance de l'écriture. Le XVIIIe siècle se présente comme un jardin, mais sauvage, espace de tous les possibles, c'est-à-dire métis.

Vienne et la rnodernité

« Nous marchons à travers nous-mêmes, rencontrant des voleurs, des spectres, des géants, des vieillards, des jeunes gens, des épouses, des veuves, et de vilains beaux-frères », écrit l'Irlandais James Joyce dans *Ulysse*, le roman du « juif grec qui est un grec juif », tramant et traçant ses errances dans Dublin. Roman-ville, comme *Manhattan Transfer* de John Dos Passos, *Berlin Alexanderplatz* d'Alfred Döblin, *Les Somnambules* de Hermann Broch – c'est un trait évident du roman moderne que d'être souvent, plus qu'associé, mêlé à une ville. Comme nous l'avons indiqué pour l'exemple méditerranéen, la ville est un espace métis en tant que carrefour d'échanges et de rencontres. La ville offre le décor et le modèle des destins entrecroisés dont le récit romanesque moderne, dans la logique amplifiée du collage, rendra compte sans leur imposer d'autre fil conducteur que sa propre écriture. Nous pourrions évoquer en ces pages le métissage urbain de Paris ou de Berlin mais nous nous arrêterons sur Vienne au tournant du siècle pour l'extraordinaire foisonnement intellectuel et artistique, le bouillonnement culturel qu'elle accueillit au point d'être consacrée comme l'un des berceaux de notre modernité.

Vienne est ainsi vue comme un grand café par Claudio Magris (*Danube*, Gallimard, 1988), retenant l'image qu'elle se donna au tournant du siècle et qu'évoquent les noms de Café Central, Café Griensteidl ou Café Museum. Mais il précise ainsi sa description : « lieu d'habitudes méthodiques et d'allées et venues hasardeuses ». L'ordre et la fantaisie, la norme et l'invention, la règle et l'innovation se mêlent. Le jeu d'oppositions peut être mené plus radicalement par un questionnement bien plus grave : s'agit-il d'un monde qui naît ou d'un monde qui s'achève ? Doit-on y voir la victoire de la liberté novatrice ou le triomphe de la réaction ? Est-ce le berceau de la modernité ou le commencement de la fin, celle d'une Europe des Lumières et du progrès ? Il est difficile d'encore regarder avec attendrissement le portrait du débonnaire empereur François-Joseph quand on sait quel visage grimaçant allait après lui symboliser le pouvoir sur cette partie de l'Europe.

Aube ou crépuscule, renouveau ou destruction, les épithètes et les métaphores se bousculent sous la plume des commentateurs. L'ambivalence semble s'attacher à toute l'historiographie sur le sujet et, faute de pouvoir fixer une synthèse définitive, l'interprétation valse (comme il se doit) entre différents énoncés et aboutit à une définition métisse : Vienne est à la fois tout ce qu'on en dit ; scène de théâtre, elle accueille ce qu'Hermann Broch nommait en une superbe ironie « l'Apocalypse joyeuse », Très symboliquement, *L'Homme sans qualités*, le grand roman de Robert Musil sur Vienne et la Cacanie – entendre l'Autriche, *kaiserlich und königlich* – demeure inachevé comme si l'image devait demeurer floue tant s'y pressent des courants en directions contraires. Et si l'opérette (Strauss fils, Franz Lehàr), entre deux fiacres et deux pâtisseries, demeure aussi associée au décor viennois, c'est peut-être qu'elle est un genre métis, entre théâtre et art lyrique, entre opéra et comédie. Semblable à l'aigle bicéphale de l'empire austro-hongrois, Vienne, la capitale, point de rencontre entre l'Orient et l'Occident, était capable de porter ses regards en plusieurs directions.

À énumérer tous les noms qui firent la Vienne 1900, le rythme s'accélère jusqu'au vertige (toujours la valse viennoise) : Freud, Wittgenstein, Kraus, Schnitzler, Zweig, Broch, Hofmannsthal, Musil, Roth, Klimt, Schiele, Kokoschka, Mahler, Schönberg, Loos, Otto Wagner, Mach, Herzl, Hayek... Aucun domaine ne semble échapper à cette fièvre de critique ou de découverte, en tout cas de remise en question : littérature, musique, arts plastiques, architecture, philosophie, science, économie, politique... Autre trait spécifique, les domaines de la pensée et de la création qui participent de cette effervescence ne sont pas isolés : Arnold Schönberg fait de la peinture et Ludwig Wittgenstein de l'architecture, Ernst Mach est autant psychologue et philosophe que physicien. Musil, ingénieur de formation (comme Wittgenstein), s'intéresse aux mathématiques et à la linguistique, Freud voit dans Arthur Schnitzler son double en psychologie et Schnitzler pratique l'hypnose.

En évitant toute impression de catalogue, nous voudrions souligner que l'un des aspects du métissage viennois fut la conjonction de l'appartenance à un mouvement culturel global et de l'affirmation d'une identité individuelle spécifique. Vienne ignore d'ailleurs l'esprit de groupe militant des avant-gardes modernistes d'autres capitales européennes. « Un pays pour génies ; et sans doute fut-ce aussi sa ruine » : le diagnostic de Musil quant à l'Autriche s'applique si bien à sa capitale. La concentration de ces créateurs, certes, ne cesse de fasciner : Freud y conçoit *L'Interprétation des rêves* et Schönberg *La Nuit transfigurée*, Joseph Roth y écrit son requiem, *La Marche de Radetzky* et Theodor Herzl sa vision, *L'État juif*. La culture viennoise cependant n'est pas un bloc homogène : les courants conservateurs s'y mêlent aux courants novateurs et ces derniers n'affichent aucune unanimité ; esthétiquement, par exemple, les formes sensuelles du *Jugendstil** s'opposeraient plutôt au dépouillement des architectures nouvelles, même si certains bâtiments réunissent les deux styles. En fait les créateurs viennois adoptent toute une gamme d'attitudes divergentes face à la crise d'identité (individuelle autant que collective) à laquelle ils répondent : esthétisme élitiste, nihilisme, cynisme, engagement social, cosmopolitisme, nationalisme, etc. Le mouvement sioniste prend son départ à Vienne mais Karl Lueger y est élu maire sur un programme antisémite. Pas de métissage sans anti-métissage, disions-nous : une culture métisse doit sans doute souffrir ses contradictions pour affirmer sa nature. Vienne montre assurément la voie : non pas résoudre ses contradictions mais vivre avec s'avère la meilleure manière de les dépasser.

De quoi parle-t-on lorsqu'on évoque Vienne ? D'un héritage culturel mêlant une période historique et une époque devenue mythique. La grande exposition parisienne de 1978, au plus fort de la « viennomanie », intitulée *Naissance d'un siècle*, choisissait comme dates-charnières 1880 et 1938, privilégiant une lecture politique partant de l'implantation des forces réactionnaires et allant jusqu'à l'Anschluss, l'annexion de l'Autriche par l'Allemagne hitlérienne. Le spécialiste américain Carl E. Schorske adopte une approche davantage culturaliste en étudiant la « Vienne fin de siècle » et ses réalisations.

Quelle que soit la perspective, la sensibilité contemporaine reconnaît en Vienne un laboratoire – métaphore devenue banale – dans lequel ont été expérimentées des situations et des hypothèses dont la pertinence s'avère toujours actuelle. Au demeurant, toute culture est métisse au sens où elle se partage nécessairement entre mythe et réalité et, d'autre part, se vit à la fois au passé et au présent. Et si la fascination qu'exerce encore Vienne aujourd'hui peut apparaître suspecte ou artificielle, il reste important de constater le besoin éprouvé par une culture donnée de s'identifier à une autre, comme pour refuser le danger du repli stérile. L'ouverture à l'autre est sans doute un des premiers actes de culture.

Trois paradoxes à souligner (en rappelant que le paradoxe est une rhétorique familière du métissage) : Vienne 1900 est une petite ville, ce qui explique la proximité des créateurs, la féconde dynamique interdisciplinaire, mais aussi la virulence des haines et des rejets. En second lieu, Vienne connaît l'essor culturel qui lui est associé alors qu'à cette période, l'empire habsbourgeois est en déclin face à la Prusse et à Berlin. Enfin, la créativité viennoise s'est déployée comme un geste de révolte contre la ville (que Freud détestait autant que Kafka Prague et Joyce Dublin, mais dans un même sentiment confus d'attraction/répulsion), à l'endroit d'une société figée qui érigea le kitsch en valeur culturelle supérieure. Très significativement, le groupe d'écrivains formé par Arthur Schnitzler, Hugo van Hofmannstahl, Karl Kraus et d'autres reçut le nom de *Jung Wien*, « Jeune Vienne », et le mouvement de plasticiens autour de Gustav Klimt est baptisé la Sécession*, leur revue prenant le titre de *Ver Sacrum*, « Printemps sacré ». La volonté de rupture et de rébellion contre les « pères » semble évidente et trouve dans l'entre-deux-guerres une autre illustration sur le plan politique avec « Vienne la Rouge » qui met en pratique les thèses de l'austro-marxisme, notamment par un gigantesque programme d'architecture sociale et d'aménagement municipal. Ces exemples tendent à suivre le développement de la culture viennoise le long de lignes de fracture, mais certaines analyses nuancent l'antagonisme pour insister davantage sur un travail de redéfinition de valeurs en péril, de reprise des traditions afin de conserver à la culture son rôle de mémoire et de fondation dans un temps menacé. Aussi radicaux fussent-ils, Schönberg comme Kraus s'attachent aux œuvres dites classiques, et le baroque est un constant rappel pour l'art viennois. Vienne nous apprendrait que le présent, pour se survivre dans l'avenir, doit se métisser du passé. Le pur et l'homogène, eux, se satisfont de tables rases.

L'architecture viennoise est particulièrement symptomatique de ce travail de métissage. Du côté de la tradition, le Ring (Ringstrasse), conçu pour et par la riche bourgeoisie libérale, emprunte sereinement pour ses bâtiments publics (Parlement, Hôtel de ville, théâtres etc) aux styles flamand, baroque, grec, Renaissance, noyant cet éclectisme dans un monumentalisme quelque peu pesant, mais rassurant. Face à cette utilisation du passé, les novateurs tentent une écriture tournée vers l'avenir. Mais si les architectes Otto Wagner et Adolf Loos pratiquent le dépouillement, les formes lisses et fonctionnelles et intègrent les matériaux offerts par les nouvelles techniques (le fer, le verre), un Josef Hoffmann n'hésite pas à utiliser les styles classique et rococo. Un des traits marquants de la nouvelle architecture est par ailleurs le souci porté à une conception globale de la construction et de l'habitat : le bâtiment est conçu comme un tout à la réalisation duquel les créateurs doivent collaborer.

Ainsi, du mobilier aux ustensiles ménagers, des formes aux couleurs, les éléments du décor s'appellent et s'épousent.

Sujet de l'empire austro-hongrois, l'habitant viennois ne pouvait qu'être à l'aise dans les identités multiples puisqu'il vivait dans un état multinational, multilingue et multiculturel : François-Joseph règne sur une population totale de près de cinquante millions d'âmes partagée en une mosaïque de dix-neuf pays et douze nations. Y cohabitaient, entre autres, Allemands, Hongrois, Tchèques, Polonais, Ukrainiens, Serbes, Croates, Slovaques, Roumains, Italiens, sans oublier les Tsiganes. Les communautés juives, par leur nature et leur histoire, incarnaient parfaitement une telle appartenance (peut-on encore parler d'appartenance ?) et l'inévitable brassage en résultant. Ce n'est dès lors pas un hasard si elles furent les premières victimes, les plus touchées aussi, des forces qui visaient la désintégration de ce fragile équilibre caractéristique de toute une civilisation, et qui y parvinrent. Ce sont à la fois les notions de patrie et d'État-nation que la crise de l'empire obligea à réviser, en ce que ces concepts participent d'une idée de totalité que le morcellement identitaire suffisait dans les faits à contester. L'accent mis sur l'esthétique dans la culture viennoise (jusqu'aux thèses de « l'art pour l'art ») reçut dans cette optique, autre paradoxe viennois, une fonction politique : l'art comme moyen de dépasser les fragmentations sociales ou ethniques et de rallier l'ensemble des individus concernés. Ce qui explique que la Sécession fut, dans ses débuts, soutenue par les instances officielles.

Mais cet hétérogène se lit également au niveau de l'individu. On a souvent interprété l'explosion créatrice de comme la manifestation d'une identité déchirée, perdue, dans un monde peu à peu privé de ses valeurs de référence. De surcroît, la pluralité multiculturelle prémentionnée court le risque de devenir pour le sujet individuel non plus richesse mais chaos. À ce titre, la naissance de la psychanalyse à Vienne est exemplaire. Loin de la conscience unifiée et homogène de la psychologie classique, la pensée freudienne montre le moi partagé entre diverses topiques (inconscient, préconscient et conscient et ça, moi et surmoi) et agité de tensions entre pulsions de vie et de mort. Les stratégies du fonctionnement inconscient, condensation et déplacement, qui procèdent par composition et rapprochement, peuvent être considérées comme productrices de formes métisses. Le psychanalyste d'origine viennoise Bruno Bettelheim n'hésitait pas à voir dans les déchirements et les drames de la famille impériale le modèle de l'affrontement entre Éros et Thanatos théorisé par Freud : sexualité, destructivité et folie qu'il retrouvait en littérature (Schnitzler, Hofmannstahl) et dans les arts plastiques (Klimt, Schiele, Kokoschka). Freud lui-même admettait que nulle autre ville que la sienne n'aurait pu être un « foyer plus propice » pour le développement de la psychanalyse et utilisait le morcellement national de l'Empire comme métaphore des espaces psychiques.

Lorsque Freud écrit *Malaise dans la civilisation* et Kraus *Les Derniers Jours de l'humanité,* ils ne font pas seulement montre de ce qu'on a appelé le pessimisme culturel qui frappe le destin européen depuis le XIXe siècle. Ils se livrent – vertu positive – à l'exercice du doute. Le doute est intrinsèquement lié au métissage, à la fois comme cause et comme effet : il agit comme une thérapie du soupçon posé sur toute totalité homogène, y compris la personnalité individuelle. Kraus est le grand maître du doute et du cynisme ; inlassablement, dans son antijournal *Die Fackel* (*Le Flambeau*), de 1899 à 1936, il condamne, fustige et satirise le mensonge et le mauvais goût qu'il voit répandus dans sa ville.

Le doute prend sa forme romanesque dans les œuvres de Musil et de Broch. Tous deux cherchent à intégrer dans la trame narrative et fictive un ensemble de savoirs, de discours et d'idéologies, rationnels et irrationnels, sans en privilégier aucun, qu'ils croisent et font dialoguer. Ils mêlent le récit et l'essai pour créer un univers multidimensionnel et polyphonique où même les personnages ne sont pas assurés de l'intégrité de leur subjectivité.

Les travaux d'Ernst Mach en physique lui valurent de donner son nom à la vitesse du son, mais sa curiosité intellectuelle débordait le domaine de la thermodynamique pour interroger, en philosophe, les liens unissant le physique au psychique. Question cruciale pour la pensée humaine qui ne put, tout au long de l'histoire de la philosophie, que déboucher sur différentes notions d'un métissage structurel. Mach en arriva à poser le « moi insauvable », c'est-à-dire la non-validité d'un tel concept, appliquant un relativisme radical à ce qu'on appelle le sujet et qui n'est qu'une instance en perpétuel mouvement. Soumis continuellement à l'éphémère des sensations et des impressions, le moi, de la naissance à la mort, ne connaît que des transformations. Vagues successives de la conscience que Broch reproduira dans son roman *La Mort de Virgile* et qu'il était loisible d'entendre déjà dans la musique de Mahler.

Cette dissolution du moi se retrouve formellement dans la peinture de Klimt. Dans ses toiles, l'extrême sensualité charnelle des corps représentés se juxtapose, sans rupture franche, à la rigueur des motifs géométriques parant les vêtements ou les fonds. Par ailleurs, une même continuité réunit les divers plans (subversion de l'ordre de la perspective qu'un Matisse reprendra), ôtant son privilège à la figure humaine et la plongeant dans un univers bidimensionnel de volutes et de spirales en constante transformation. C'est la notion d'un point de vue ferme et assuré que le spectateur est ainsi invité à réviser. La frontière se brouille entre figuration et abstraction, entre représentation et ornementation alors que centre et périphérie perdent leur rapport hiérarchisé, si bien que l'image n'est plus le support d'un sens fixe et déterminable. La vérité n'est plus du seul côté de la raison mais doit se lire également dans le rêve, le désir et l'illusion. Ultime paradoxe, les forces noires de l'hitlérisme apporteront la destruction en s'attaquant aux mêmes valeurs de rationalité et d'intelligibilité que l'art viennois chercha à renverser.

Vienne au tournant du siècle, comme plus tard Berlin sous la République de Weimar*, véhiculent une leçon similaire. La modernité peut recevoir deux lectures contraires : l'une, négative et apocalyptique, dénonce la décadence au nom du passé ; l'autre, positive et messianique, annonce le renouveau au nom de l'avenir. Le sens de la modernité réside alors dans la tension, toujours reconduite, entre ces deux tendances.

Si Vienne nous semble si moderne aujourd'hui, d'une fin de siècle à l'autre, jusqu'à des identifications parfois aveugles aux profondes différences historiques et sociales, c'est qu'une certaine définition de la modernité y est née, porteuse de réponses encore valables pour les temps troublés qui sont les nôtres. La modernité viennoise tenta simultanément de réagir à la grave crise de civilisation qu'elle traversa et de forger une culture et une anthropologie dépassant cette seule actualité. Elle illustre ainsi la tension conceptuelle esquissée par Baudelaire lorsqu'il présentait la modernité comme façonnée pour moitié par « le transitoire, le fugitif » et pour moitié par « l'éternel et l'immuable ».

Seconde partie

Pour une pensée métisse

chapitre 4

Jalons théoriques

« Toutes choses en ce monde sont mixtionnées et destrempées avec leurs contraires... Tout est meslé, rien de pur entre nos mains », écrivait Pierre Charron au XVIe siècle. Nous partirons du constat (et non de la revendication) métis. Le mélange est un fait qui n'a rien de circonstanciel, de contingent, d'accidentel. La condition humaine (le langage, l'histoire, l'être au monde) est rencontre, naissance de quelque chose de différent qui n'était pas contenu dans les termes en présence. Revendiquer le mélange comme si nous étions confrontés à une alternative, engager un plaidoyer pour le métissage ne s'impose donc pas, car ce dernier n'est autre que la reconnaissance de la pluralité de l'être dans son devenir.

En revanche, si nous n'avons d'autre choix que d'être métis, le métissage paradoxalement a rarement été pensé comme tel. La pensée métisse est une pensée minoritaire. Elle n'a pour ainsi dire jamais existé dans les sociétés non occidentales et a été systématiquement occultée en Occident pendant une période très longue qui commence avec Platon et s'achève avec Nietzsche, cette période comportant néanmoins quelques exceptions notables qui ont pour noms Giordano Bruno – dont on rappellera qu'il fut brûlé pour avoir défendu la théorie de la pluralité du monde –, Rabelais, Érasme, Shakespeare.

Si l'antimétissage est donc généralement la règle (la règle, la loi, la norme, le paradigme), c'est lui qu'il convient d'abord d'examiner dans ses deux tendances rivales, mais aussi fictives l'une que l'autre, et qui se rejoignent paradoxalement sur l'essentiel : la pensée de la séparation, d'une part, pensée analytique de la décomposition en éléments, mais aussi de la pureté qui va donner lieu à tant de fictions identitaires ; la pensée de la fusion, d'autre part, pensée cette fois synthétique qui vise à la réconciliation des contraires et est souvent aussi à la racine de nombreux totalitarismes.

L'inquiétante réalité du métissage et l'illusion rassurante de la pureté

La pensée encore aujourd'hui largement dominante est une pensée de la séparation qui procède à une organisation binaire de notre espace mental ainsi qu'à une répartition dualiste des gens et des genres : le civilisé et le barbare, l'humain et l'inhumain, la nature et la culture, les aborigènes et les allogènes, le corps et l'esprit, le ludique et le sérieux, le sacré et le profane, l'émotion et la raison, l'objectivité et la subjectivité. Cette pensée trouve l'une de ses expressions dans la constitution de formes pures distribuées autour des deux pôles du savoir rationnel et de la fiction artistique qui ne doivent pas se fréquenter et encore moins se mélanger. Michel Serres a résumé, en la critiquant, cette position de la manière suivante : « Il n'y a pas de mythe dans la science et il n'y a pas de science dans le mythe. »

La logique des séparations en cascades qui viennent d'être évoquées auxquelles nous ajouterons encore les oppositions entre l'abstrait et le concret, le général et le particulier, a conduit à une crispation de chacun des protagonistes sur ses propres positions et à la confirmation rassurante que les espaces (culturels, mais aussi mentaux) devaient rester cloisonnés. En dépit des démentis (souvent sanglants) infligés, le positivisme est loin d'être mort. Le présupposé de l'objectivité absolue comme modèle de la rationalité scientifique demeure, avec son ronronnement paresseux et routinier qui caractérise ce que le philosophe de la science Thomas Kuhn appelle « l'état normal de la science ». Il ne peut que conforter et nourrir en permanence ce mouvement de révolte romantique si caractéristique de cette fin de siècle et qui trouve plusieurs de ses expressions dans les domaines séparés de l'art, de la littérature, de la religion, ainsi que dans tous les mouvements de revendication différentielle.

Bien sûr, même pendant les époques les plus dogmatiques des Temps modernes – que l'on peut envisager rétrospectivement comme un certain mode de rapport au temps au cours duquel l'histoire sépare drastiquement l'ici et l'ailleurs, le présent et le passé –, tout ce bouillonnement de la subjectivité était loin d'être resté inactif.

Mais ce à quoi nous assistons aujourd'hui est très différent. Il s'agit en effet d'un retour en force du subjectivisme et des réactions identitaires. Ce reflux du passé qui nous monte à la gorge, ce déferlement de racines et d'origines, « inondation si forte qu'on ne peut plus en observer la source » dit Michel Serres, c'est notre mal du siècle à nous. Nous sommes en train de payer le prix de cinq siècles de rationalisme cartésien. Ce dernier, recyclé en positivisme, avait, au nom du grand partage des savoirs, consisté à éliminer du champ de la connaissance légitimée par la science un certain nombre d'« objets » (le corps, la sensualité, l'amour, la passion, la mort, les relations de l'homme avec le passé, la magie…). Or, ces « objets » tant bafoués et disqualifiés ont réussi à se transformer en « sujets » et les voici maintenant qui s'insurgent et se manifestent de partout, revendiquant un pouvoir exclusif.

Les déceptions des promesses de l'universalisme abstrait ont conduit à des crispations particularistes dont nous n'avons pas fini d'entendre parler : l'absolu de la pureté religieuse, l'affirmation culturelle exclusive par enracinement restrictif dans le terroir ou la mémoire, la thèse de l'ethnicité qui véhicule souvent de manière larvée le racisme.

Le culturalisme* (terme utilisé pour désigner l'anthropologie culturelle nord-américaine) peut ici fort bien être mobilisé pour servir de légitimation à toutes les revendications de monoappartenance identitaire et de rejet des « étrangers ». Quant au multiculturalisme (le *political correctness* nord-américain, la revendication du droit des minorités et des « communautés ethniques », l'apologie du pluralisme thérapeutique…), il est, nous le verrons, le contraire même du métissage. Il se fonde sur la cohabitation et la coexistence de groupes séparés et juxtaposés résolument tournés vers le passé, qu'il convient de protéger de la rencontre avec les autres.

Les discours du pur, du simple, du clos, du distinct et de la frontière (le clairement identifié conçu comme devant rester identique, l'être qui n'est lui-même que sans mélange d'aucun autre, l'appartenance à un camp et son corollaire la transgression, qui vous désigne comme complice d'intelligence avec l'ennemi) sont des discours privatifs : sans alcool, sans tache, sans péché, sans contamination. Il existerait une éternité non troublée de temporalité. Il y aurait de l'essentiel devenu par accident seulement du mélange. Et si l'on se résigne à penser le changement, c'est pour déplorer ce qui devait rester immuable et inaltérable. Alors que le métissage est un processus sans fin de bricolage, la pureté est de l'ordre du tri. Elle est la stabilisation désespérée de l'histoire, reconstruite rétrospectivement à l'aide des catégories de premier, de primordial et d'authentique, à partir desquelles se serait produit de l'altération. Posant un point de départ absolu par rapport auquel il y aurait du dérivé, elle n'échappe cependant pas au mouvement. Elle est elle-même un processus : celui de la purification, de la simplification et de la mystification qui a pour effet de substantialiser, de naturaliser, de déshistoriciser et, finalement, de neutraliser la rencontre avec les autres.

Si cette thèse de la pureté est réfractaire à sa propre théorisation, c'est qu'elle ne supporte pas l'épreuve des faits. Elle s'avère vouée à l'absurdité. L'identité « propre » conçue comme propriété d'un groupe exclusif serait inertie, car n'être que soi-même, identique à ce que l'on était hier, immuable et immobile, c'est n'être pas, ou plutôt n'être plus, c'est-à-dire mort. Car être, c'est être avec, c'est être ensemble, c'est partager – le plus souvent conflictuellement – l'existence. Privé de rapport avec les autres, nous sommes privés d'identité c'est-à-dire conduits par autosuffisance et narcissisme à l'autisme.

La spécificité d'une culture ou d'un individu vient des combinaisons infinies qui peuvent être produites – en dehors de nous, mais aussi en nous, il y a des multitudes –, des agencements de termes hétérogènes, dissemblables, différents, bref de la reformulation de plusieurs héritages. On trouve toujours le couple de l'universalisme et des particularismes (lesquels peuvent être le résultat de « traditions » inventées, comme par exemple l'« Orient » pour l'Occident) et ces derniers ne sont jamais des essences, mais des processus d'acquisition, d'élaboration, d'interprétation, qui se constituent en permanence dans un mouvement d'interaction ininterrompue. On appelle identité culturelle ce qui est tation qui s'oppose à elle ; d'un côté, la tentation différencialiste de toute identité – nationale, régionale, familiale – construite à partir de la fiction mutilante d'un individu qui aurait définitivement résorbé sa duplicité, sa triplicité, etc., d'une société qui ne serait qu'elle-même (de l'Espagne, par exemple, qui aurait tout oublié de sa mémoire juive et musulmane, de la France qui ne voudrait rien savoir de sa composante italienne, polonaise, arménienne, etc.). De l'autre, la tentation universaliste construite sur le modèle de la fusion et de l'utopie qui vise à colmater les failles, les fissures, les fêlures, à combler le moindre espace où pourrait se glisser un sourire, s'improviser une chanson, se danser une valse ou un tango et même pousser un géranium.

Nous ne vivons pas seulement aujourd'hui une crise de la séparation, mais aussi un regret de l'unité perdue, une quête désespérée de la synthèse, de la reconstitution du tout à partir de l'un des deux pôles séparés depuis la Renaissance. Toutes ces idées de réduction à l'Unité (à partir de la Raison, de l'Histoire, du Progrès, du Désir, du Sexe, du Cerveau, des Astres, de la Nature, de la Nation ...) ont certes, en dépit d'arrosages incessants, infiniment jauni. Veillons toutefois à ce qu'elles ne reprennent pas des couleurs.

Le dualisme – qui consiste à opter pour l'un des termes d'une composition et qui s'exprime plus souvent sous la forme du duel que du duo – comme le monisme se rejoignent en fait dans un même refus du réel et une même protestation contre la condition métisse de l'être humain. Cette protestation, sans cesse réitérée, s'avère d'ailleurs parfaitement illusoire. C'est l'illusion du « nous autres », du « moi, je » qui ne s'en remet pas d'être né, qui n'accepte pas que le « je » est loin d'être simple, homogène, identique à lui-même, mais qu'il est fait des autres.

Plutôt que les fictions de l'appartenance identitaire ainsi que la pensée de la fusion, nous proposons le « ni exclusivement portugais, ni seulement indien, ni tout à fait africain » des Brésiliens. Au Brésil, en effet, on peut très bien être brésilien par la nationalité, portugais par la langue, russe par l'origine, français par l'éducation, anglais par la religion. Ce qui existe sans doute ici plus qu'ailleurs, ce sont des espaces de jeu dans tous les sens du terme, non pas du plein, de l'homogène, mais des trous, des blancs, de l'entre-deux. Car c'est bien cette non-coïncidence (si contraire à la justesse, à la conformité avec soi-même, aux conformisme et aux anticonformismes, aux modes et aux modèles et à toutes les conceptions monologiques du monde), cet entre et cet entre-deux qui maintiennent la distance, la séparation, si minime soit-elle.

Le métissage, qui est une espèce de bilinguisme dans la même langue et non la fusion de deux langues, suppose la rencontre et l'échange entre deux termes comme c'est le cas aujourd'hui pour la culture *beur*. Non pas l'un ou l'autre (l'arabité ou l'appartenance à la France seulement), mais l'un et l'autre, l'un ne devenant pas l'autre, ni l'autre ne se résorbant dans l'un. La pensée du métissage est une pensée de la médiation et de la participation à au moins deux univers. C'est ce qu'exprime le théologien espagnol Baltasar Gracian lorsqu'il écrit que « nous sommes entre deux extrémités ». C'est aussi la tension de Pascal entre les « deux infinis » : « ni ange ni bête ». Nous ajouterons : ni bonheur absolu ni malheur total, ni seulement du passé ni exclusivement de l'avenir.

Ni énoncé, ni assignation, ni substance, ni principe

Faute de pouvoir dire ce qu'est le métissage – une coïncidence totale serait, nous venons de le voir, contradictoire dans les termes –, nous pouvons néanmoins tenter maintenant de nous en approcher en précisant ce qu'il n'est pas. Il n'est pas de l'ordre de l'énoncé, lequel procède au découpage d'un continuum. Il est encore moins de l'ordre de l'assignation. L'attribution de propriété ne lui convient pas, car il n'est pas un adjectif. Il échappe à ce qui est définitionnel et plus encore définitif et conclusif. Si le verbe *avoir* qui appelle une qualification (souvent ici déqualifiante) est le plus mal placé pour en rendre compte, le verbe *être* la plupart du temps ne fait guère mieux, la pensée de l'être ayant tendance à la prétention identitaire : la négritude, l'indianité, l'Orient, l'Occident.

Le métissage ne répond pas non plus aux procédures d'identification. Le « moi » métis n'étant pas unique ni séparé des autres, n'étant pas un « moi » du tout, n'est personne à proprement parler, mais n'étant personne, il est tous les autres. C'est ce qu'a voulu montrer l'écrivain portugais Fernando Pessoa (1888-1935) – dont le nom signifie précisément « Personne » en portugais – au cours de sa démarche « hétéronymique ». Nous sommes en mesure de comprendre maintenant pourquoi conférer une identité singulière au métissage se révèle absurde. Il n'est.plus question de métissage, s'il est trop bien, trop vite identifié. Ma photo d'identité ne saurait être totalement moi ; je ne puis accepter cette réduction à une pose, c'est-à-dire à une seule de mes représentations.

Enfin le métissage n'est pas un principe. Il se situe à l'opposé de ce qui est conçu comme premier, primordial et fondamental (le texte premier, la parole fondatrice, l'idée qu'il existe un centre du monde, une culture ou un ancêtre de référence). Il inflige un démenti à la notion même de principe qu'il contredit et déstabilise. Avec le métissage, il ne peut y avoir à proprement parler de victoire d'un camp sur un autre, rien n'est jamais définitif, absolu, stabilisé, fixé dans l'espace d'un territoire ou dans le cadre d'un code permettant de « décoder » les comportements des autres. Dans ce discours nécessairement mineur au sens de Gilles Deleuze et de Félix Guattari (*Kafka. Pour une littérature mineure*, Paris, Éditions de Minuit, 1975), dans cette existence d'une minorité – on ne peut imaginer une pensée métisse qui deviendrait dominante et plus encore qui prendrait le pouvoir –, nous sommes en présence d'un processus de désenchantement et de déterritorialisation auquel il ne peut être mis un terme.

Le métissage, qui n'est ni substance, ni essence, ni contenu, ni même contenant, n'est donc pas à proprement parler « quelque chose ». Il n'existe que dans l'extériorité et l'altérité, c'est-à-dire autrement, jamais à l'état pur, intact et équivalent à ce qu'il était autrefois. Mais n'étant pas identité, il n'est pas non plus altérité, mais identité et altérité entremêlées, y compris en liaison avec ce qui refuse le mélange et cherche à démêler. Autrement dit, il n'a rien de la certitude du sens ni du désespoir et du non-sens. Il est le sens et le non-sens entrelacés. Le métissage ne conduit jamais à l'ironie, qui rit de l'autre, le juge, l'exclut, comme s'il était homogène et n'avait rien à voir avec soi, mais plutôt à l'humour, cette forme de comique résolument solidaire qui nous permet d'éviter l'adhésion et l'adhérence à nous-mêmes, de nous moquer de nous, de nous désingulariser pour nous universaliser.

La pensée métisse comme pensée de la transformation

Arrivés à ce point, nous ne sommes cependant pas parvenus au bout de nos peines, car le discours précédent – probablement encore trop catégoriel et classificatoire et pas assez fondé sur le dialogue – a réintroduit subrepticement ce qui fait obstacle à la compréhension de la pensée métisse.

En effet, l'idée même de « mélange » ou d'« assemblage » suppose des « éléments » ou des « termes » qui seraient premiers ou antérieurs au processus lui-même, ce qui renvoie une fois de plus à la métaphysique du fondement et du principe. Penser le métissage comme étant hétérogène et hétérodoxe par rapport à ce qui le précéderait (par exemple l'informe par rapport à la forme), c'est encore se référer au dualisme de l'originel et du dérivé. Or la pensée métisse brouille, nous y reviendrons, ces catégories binaires, elle déclassifie, décatégorise.

Si la pensée du métissage est bien une pensée de la médiation qui se joue dans les intermédiaires, les intervalles et les interstices à partir des croisements et des échanges, elle ne saurait se réduire ni au « et », ni à l'entre et à l'entre-deux, qui sont des catégories spatiales. C'est, contrairement au mélange et à la mixité, une pensée de la tension, c'est-à-dire une pensée résolument temporelle, qui évolue à travers les langues, les genres, les cultures, les continents, les époques, les histoires et les histoires de vie. Ce n'est pas une pensée de la source, de la matrice ni de la filiation simple, mais une pensée de la multiplicité née de la rencontre. C'est une pensée dirigée vers un horizon imprévisible qui permet de redonner toute sa dignité au devenir.

Le métissage est, dans ces conditions, certainement plus auditif que visuel, plus musical que pictural. Je peux distinguer différentes parties d'un tableau juxtaposées dans l'espace, alors que lorsque commence une symphonie, tout m'est donné en même temps, mais ce tout ne cesse de se transformer. De la même manière, le récit convient beaucoup mieux pour rendre compte du métissage que la description. Le pur, le simple, l'élémentaire et même le mélangé peuvent être décrits, mais le métissage, lui, demeure indescriptible. De l'ordre du devenir, il est indescriptible, mais pas inénarrable, car raconter c'est raconter des évolutions et des transformations. C'est ce qui sépare le pseudonyme de l'hétéronyme. M'attribuant ou me voyant attribuer un pseudonyme, je me dédouble, mais c'est dans la simultanéité. L'hétéronyme, lui, concerne la successivité. Pessoa n'est pas en même temps Alberto Caeiro, Ricardo Reis, Alvaro de Campos, mais, l'un après l'autre, chacun de ces personnages, « et combien d'autres qui sont déjà venus ou à venir ». De même, dans la démultiplication des personnalités si fréquente dans une société comme le Brésil, l'individu n'est pas à la fois indien, africain, portugais ou encore russe, français, italien, mais successivement, et pour une très grande part selon les circonstances.

Le métissage n'est donc pas un état ni une qualité, il est de l'ordre de l'acte. Il est l'événement qui survient dans une temporalité au sein de laquelle il n'est plus possible de distinguer du passé, du présent ni du futur à l'état pur. Il existe dans la variation, dans la conjugaison, dans la déclinaison, mieux dans la reconfiguration sur un mode mineur, qui transforme, métamorphose et rend méconnaissable ce qui était, au point que toute notion d'influence, d'appartenance, d'héritage, de transmission même devient dérisoire. Il procède au déplacement de ce que l'on tenait pour catégoriel, voire catégorique, ainsi qu'à la mise en question des principes et notamment du principe d'identité. Au-delà de la sécurité de la filiation conçue comme appropriation, il est engagé dans les risques de l'alliance qui va faire surgir de l'inédit.

Enfin le métissage n'existe pas seulement dans la non-coïncidence, mais dans la non-résolution. Il ne saurait être de l'ordre de la symbiose, ni de la synthèse, c'est-à-dire de l'accomplissement. Pas plus en avant qu'en arrière, dans le point de départ que dans le point d'arrivée – « pas le point, mais la phrase », comme l'écrit Gilles Deleuze –, il est le devenir plus que l'avenir et appelle à être pensé en lui-même dans son inachèvement. Transitoire, imparfait, inachevé, insatisfait, le métissage est toujours dans l'aventure d'une migration, dans les transformations d'une activité de tissage et de tressage qui ne peut s'arrêter. C'est dire combien cette notion est éminemment contradictoire. Elle ne peut être mobilisée comme une réponse, car elle est la question elle-même qui perturbe l'individu, la culture, la langue, la société dans leur tendance à la stabilisation.

Le devenir métis

De même que pour le purisme moral, le métissage intervient toujours après, comme péché, déchéance et dégradation de ce qui était initialement pur, pour le purisme de la pensée, il provoque le même type de scandale : celui du chaos, de l'informel, de l'hétéroclite, de l'imbroglio inextricable, du quiproquo, du malentendu, de l'équivoque. Ambivalent et indéfini, le métissage ne peut être qu'incohérent. Aussi est-il généralement rejeté du côté de l'anomie, de l'anomalie, de l'anarchie.

La duplicité métisse apparaît comme mensonge du point de vue de la morale et comme illogisme du point de vue de la connaissance. Dans le premier cas, il s'agit de trouble et de louche, dans le second, de vague et de confus, bref de bien mauvaises fréquentations. L'absurdité et la contradiction dans le domaine du savoir seraient ce qu'est le libertinage ou la débauche dans celui de l'action. Brouillant pêle-mêle les genres, les espèces, les cultures et les langues, n'obéissant plus à aucune hiérarchie, le devenir métis apparaît comme le comble du désordre. D'où la tentative de rechercher s'il n'y aurait pas néanmoins, caché, un ordre du désordre, un sens du non-sens, bref ce que l'on appelle des structures. On comprend, dans ces conditions, pourquoi l'épistémologie et la morale classiques en veulent tant au métissage qui serait l'art des compromis. Celui qui s'en réclame, pouvant affirmer une chose et son contraire, est considéré comme celui qui trahit toujours quelqu'un : traître à son père, à sa mère, à sa patrie, à sa corporation. Dans une existence déjà suffisamment compliquée, il ferait de la surenchère, il se livrerait à la cacophonie (musique), à l'adultère (famille), au marché noir (économie), au sophisme (logique), il en rajouterait comme si cela ne suffisait pas.

Ainsi donc, dans l'antimétissage – qui est la fascination de l'homogène, de l'identique et de la plé nitude ontologique –, on rejette, on réprouve, on rompt. Mais que rejette-t-on au juste ? On rejette ce qui est vécu comme insupportable : l'altérité, le doute sur sa propre identité comme sur la réalité. Tout, même la fusion, paraît préférable à la tension métisse. On en veut à l'existence qui mêle les imaginaires et les mémoires, les mémoires et les oublis, la vérité et le mensonge, le factuel et le fictif, comme c'est le cas dans le roman, genre métis s'il en est. On refuse notamment que le monde contemporain soit devenu, selon le mot de l'anthropologue américain Clifford Geertz, un « énorme collage* ».

Pour l'antimétissage, qui a l'obsession de la filiation pure et de la reproduction de l'identique, le métissage apparaît comme le danger de la désaffiliation et de la délégitimation par rapport à l'absolu du mythe d'origine. L'on comprend combien cette attitude, qui est la phobie de l'autre (et notamment de l'autre qui est en moi) se caractérise surtout par la haine du temps. Si l'altérité est perçue comme la menace, c'est qu'elle apparaît comme une altération et une désagrégation. L'épistémologie classique, qui s'est construite à partir du modèle des sciences naturelles, a tendance, d'une part à concevoir la connaissance scientifique comme un ensemble de procédés d'identification d'objets dont le corollaire est la spatialisation de la pensée, ce qui rend alors pratiquement impensable la spécificité du sujet en tant qu'altérité et temporalité, et d'autre part, à poser le pur, le simple, comme premier ontologiquement et le complexe comme étant du composite, composé à partir d'une pluralité d'éléments. Divers courants de l'épistémologie contemporaine tendent cependant à réfuter de telles prémisses. Karl Popper, Thomas Kuhn, Paul Feyerabend ont montré comment les théories scientifiques n'échappent pas au relativisme historique, de même qu'a été étudié le rôle des idéologies et des spécificités culturelles dans les découvertes et dans l'évolution des sciences. Les notions de désordre, de chaos, de logique floue sont désormais avancées pour penser la complexité du réel en tant que telle, sans la réduire ou la transcender. Ce renouveau épistémologique s'accompagne naturellement d'une visée transdisciplinaire, non seulement entre les disciplines scientifiques mais aussi entre les domaines du savoir : les démarches d'Edgar Morin, penseur contemporain de la complexité ou de Michel Serres, quoique dans des directions différentes, sont exemplaires d'une telle connaissance dont l'objectif n'est pas tant de circonscrire des territoires que de jeter des passerelles.

S'il existe une épistémologie du métissage, elle ne peut s'affirmer qu'en abandonnant la fiction du pur qui se serait mélangé, du simple qui se serait compliqué. Le mélangé précède et accompagne l'élémentaire, et la totalité la décomposition. Le métissage nous est donné et sa réduction à la simplicité de l'un s'avère aléatoire dans tous les sens du terme. Cette réduction en « composantes » et en « éléments » est obtenue par séparation de l'être mélangé et stabilisation du mouvement.

Une épistémologie métisse ne doit pas à notre avis chercher à abolir, mais plutôt à problématiser, à complexifier et à affiner l'analyse de catégories qui ne seront plus seulement pensées dans l'espace, mais dans le temps. Elle nous conduit à ne plus envisager le local contre le global (ou l'inverse), la périphérie par rapport au centre, les femmes par rapport aux hommes, le fou par rapport au normal, le futur par rapport au passé (ou l'inverse). Ce qui provoque la question qui ne peut pas être résolue par la logique de la thèse et de l'antithèse, ni même de la synthèse, c'est le ni totalement Blanc ni totalement Noir, ni exclusivement homme ni seulement femme, ni vraiment malade mais pas pour autant en bonne santé, ni passé ni futur en soi, c'est la présence du tiers-monde dans l'Occident (le sud du Bronx à New York) et de l'Occident en plein cœur du tiers-monde (São Paulo), c'est l'hybridation* qui donne de la nature-culture, de la politique-science, de l'intelligence artificielle, c'est la « médiumnité » mais aussi le poisson-chat, le serpent à plumes (Quetzalcoatl), la femme-araignée et surtout le loup-garou, qui n'est pas loup à plein temps.

La difficulté pour la rationalité scientifique, ce n'est pas de rendre compte de la belle altérité ou de ce que les médecins appellent parfois la « vraie maladie », celle que l'on peut parfaitement identifier. Dans la jalousie amoureuse, comme dans le syncrétisme religieux – l'*Umbanda* au Brésil, le *New Age* aux États-Unis –, ce qui est recherché, c'est la possession, la fusion, la jouissance de l'autre comme totalité homogène indifférenciée. Et corrélativement, ce qui est nié, ce sont les écarts différentiels, ces espaces intermédiaires infiniment flous et flottants qui redécoupent et redéploient les confins et accueillent les rencontres. Ce qui provoque aujourd'hui la nécessité d'une épistémologie métisse, c'est de tenter enfin de penser le distinct qui n'est pas très lointain (la rencontre avec la Roumanie pour un habitant de l'Europe de l'Ouest), le lointain qui n'est pas très distinct (les Français pour les Québécois, les Québécois pour les Français, les Argentins et les gens du sud du Brésil pour les Européens).

Cela suppose un travail sur les charnières, les intersections et surtout les transitions, un travail enfin sur les mots pour les interpréter, car la multiplicité « nomade » du métissage appelle une pluralité du dire et de l'écriture métisse qui ne peut plus être une parole et une écriture « sédentaire ». Il convient alors de se demander : pourrait-il exister un processus comparable à la composition musicale dans la recherche scientifique, laquelle ne viserait plus (ou plus seulement) à décomposer en se protégeant de toute contamination avec ce qui n'est pas elle ? Que serait l'équivalent dans le domaine du savoir de la saisie picturale et musicale non pas des aspérités, des oppositions, des contrastes et des antinomies – pour laquelle l'épistémologie classique excelle – mais des dégradés et des nuances ?

Entre le deuil nécessaire de la simplification et de la transparence et les exigences de la méthode, entre le monisme de la totalisation et le dualisme de la séparation, la voie est extrêmement étroite. Il existe néanmoins dans l'époque contemporaine un certain nombre de têtes chercheuses qui peuvent nous aider à avancer dans cette démarche.

chapitre 5

D'une philosophie métisse

La pensée métisse ne goûte guère les jalons et les fondations (puisque, toute à ses rencontres, elle se joue de la chronologie comme de la géographie). Il n'empêche qu'une période fermée par Platon se rouvre avec Nietzsche et que si Kant reçoit de l'histoire de la philosophie moderne un rôle inaugurateur, son œuvre reste encore de séparation et de classification. Celle de Nietzsche vise au contraire à l'ébranlement des systèmes de croyances et d'idées et à leur renversement. Certes la transmutation des valeurs, thème central, n'est pas dialectique et, contre Hegel, Nietzsche ne reconnaît pas un aspect positif à la négation, donc à la tension entre forces opposées. Il célèbre l'affirmation totale, le « oui » qui, triomphant, symbolisera la victoire des forces de vie contre toutes les formes décadentes du nihilisme qu'il voit à l'œuvre dans la société moderne.

Mais la césure nietzschéenne qui nous occupe ici tient surtout à un style introduit en philosophie, une attitude, une façon d'exercer la pensée de manière métisse, ce qui paraît encore plus pertinent dans la perspective du métissage, puisque sa dynamique ne s'attache pas aux contenus, toujours variables, mais davantage à la façon dont se combinent les éléments, dans tous les domaines.

Une différence majeure avec Platon apparaît d'emblée sur le plan formel : non seulement Nietzsche relégitime la poésie mais il l'intègre à la réflexion et à ses écrits – l'idéal du philosophe est d'être un danseur. La légèreté – le rejet du fardeau des fausses valeurs – permet le jeu avec les idées, les sentiments, les sensations. Jeu encore que la mise en récit ou en scène de la pensée : non pas des concepts mais Dionysos, Ariane, Zarathoustra, l'Aigle, le Serpent, l'Âne. Or ces personnages, en tant que tels, nourrissent un énoncé rebelle à toute rigidité dogmatique. Nul hasard à ce que celui qui ne voulait voir dans les faits que des interprétations – préparant notre culture à ce soupçon inquiet qui en est devenu un des traits majeurs – ait pu recevoir tant de lectures divergentes, existentialistes ou métaphysiques, romantiques ou réactionnaires, poétiques ou politiques.

Par ailleurs, tant dans sa vie que dans sa pensée (distinction qu'il chercha précisément à brouiller pour rapprocher les deux modes d'être), Nietzsche pratique et préconise l'usage des masques. Le moi nietzschéen – comme le moi freudien, et la concomitance n'est pas que chronologique – ne sert pas un sujet plein et intègre. Vidé du mythe de l'intériorité, il est un champ de forces en confrontation et en mouvance, un moi métis qui rappelle celui de Montaigne. Ce que traduit bien la référence à la musique, récurrente dans tout le parcours de l'œuvre, de *La Naissance de la tragédie* au *Crépuscule des idoles.* La musique en effet, manifestation par excellence de l'ivresse dionysiaque, est dans son essence tissu de métamorphoses incessantes dans et par lesquelles les individualités peuvent se rejoindre et se dépasser. L'être chez Nietzsche n'est pas fondation mais passage : « Ce qu'il y a de grand en l'homme, c'est qu'il est un pont. » (*Ainsi parlait Zarathoustra*)

Gilles Deleuze a contribué grandement à lever les contresens attachés à l' œuvre de Nietzsche et a su en retenir la leçon du mouvement permanent nécessaire à la pensée. Penseur nomade et penseur du nomade, la figure qui résume au mieux son approche est celle du rhizome qui lui permet au mieux de dégager les « multiplicités » (notion développée dans *Mille Plateaux*, Éditions de Minuit, 1980) façonnant le sens et le réel. La tâche de la philosophie est de repérer ces réseaux et de créer des concepts mobiles pour en rendre compte. Univers de fluides, de flux, de machines productrices, de circulations incessantes entre les diverses singularités. Tout est fuite, au double sens d'écoulement et d'échappée, le long de lignes de force ou de faille, tout déborde. Sa *Logique du sens* est constituée d'une série de séries de paradoxes ; *Différence et répétition* où le jeu entre ces deux concepts mine celui d'identité est écrit à partir « d'un centre toujours décentré » au sein d'une histoire de la philosophie conçue comme un collage. Qu'il écrive sur Bacon, le cinéma, ou le baroque, c'est toujours ce qui bouge, qui ne s'arrête pas, le devenir, qui occupe son analyse. Lisant Kafka, Beckett ou Melville, il dégage les concepts de littérature mineure et de bégaiement : l'écrivain sera celui qui « taille dans sa langue une langue étrangère ». L'événement ou le singulier, souci de toute son œuvre, n'existent que dans une logique de la relation et de la variation, modes métis.

Preuve encore d'une pensée ouverte au métissage, les titres écrits avec Félix Guattari sont d'égale importance à ceux signés seul. Et ce qui y est exploré en relève directement, depuis *L'anti-Œdipe* (privilégiant le « soit/soit » sur le « ou bien ») jusqu'à *Qu'est-ce que la philosophie ?* (et sa première phrase : « Il n'y a pas de concept simple. Tout concept a des composantes et se définit par elles. ») Preuve supplémentaire : ils sont cités nommément pour leur apport à la pensée de la relation dans *Tout-monde,* le roman-manifeste du métissage d'Édouard Glissant.

L'héritage nietzschéen a façonné tout un pan du paysage philosophique contemporain. Faute de place, on ne fera qu'avancer, aux côtés de Deleuze, les noms de Michel Foucault, Jean-François Lyotard ou Jacques Derrida, qui s'attachent tous à traiter de la différence en tant que telle, et non par rapport à une norme de référence, le réel n'étant jamais alors saisi comme une totalité, mais dans le jeu des rapports entre ses éléments, dans la tension toujours reconduite entre ses composantes. D'autres œuvres seraient encore à relire pour deviner les rythmes d'une pensée métisse : mal et transgression chez Georges Bataille, le « bricolage» de Claude Lévi-Strauss ou le polyphonisme de Mikhail Bakhtine. Mais aussi Emmanuel Lévinas et Paul Ricœur dont les pensées sont indispensables pour comprendre ce qui entre d'altérité dans toute identité.

Est-ce parce que la musique a chez lui autant de place que la philosophie ou plus exactement qu'elle se mêle à l'exercice de la pensée que l'œuvre de Vladimir Jankélévitch s'impose ici et que nous y arrêterons pour conclure ? Nous l'avons vu et le rappelions pour Nietzsche, la musique privilégie le métissage (ou l'inverse). Une pensée métisse serait une pensée musicale.

Il suffit d'aligner quelques titres : *Introduction à une philosophie du presque, Le Je-ne-sais-quoi et le Presque-rien, L'Irréversible et la Nostalgie, Quelque part dans l'inachevé,* pour comprendre que ses questionnements étaient tous hantés par cet « inexprimable » que Jankélévitch trouve et interroge chez Fauré, Debussy ou Chopin. Aux aguets pour tenter de saisir l'insaisissable : l'indicible, l'ineffable, le mystère, expressions qui jalonnent son discours. Philosophie de l'hapax, de ce qui n'arrive qu'une fois : l'amour, la mort comme objets ou exemples privilégiés. Non pas voir, mais entrevoir dans la fulgurance de l'instant, seule promesse de toucher à la fois l'absolu et l'humanité de l'homme. Le savoir ne prétendra qu'à une « entrouverture ». Or une pensée qui approche le réel dans l'instant (ou l'événement, tel Deleuze), dans le surgissement et la manifestation aussitôt enfuie, est naturellement tournée vers la rencontre, l'ouverture au jamais pareil, puisque, à l'exemple du rapport amoureux, les choses ne sont jamais données une fois pour toutes mais chaque fois à reconsidérer dans leur nouveauté. Jankélévitch rejette l'enlisement de la continuité pour préférer la mutation, la potentialité de continuels recommencements, la vigueur éternellement nouvelle du printemps. Bigarré, le réel peut dès lors être inquiétant mais cette instabilité permet de le penser, loin des conciliations frileuses, des zones médianes et tempérées.

Comme pour Nietzsche, cette philosophie (« à la fine pointe du presque et de l'à peine ») appelait un style propre. L'attention que réclame Jankélévitch en guise de conscience oblige le langage à toujours être sur le qui-vive, pétri de mots mouvants, risquant le vague, l'imprécis, l'« inachevé », pour saisir au vol ce que l'instant a dévoilé, mêlant un lexique techniquement métaphysique à une expression poétiquement naïve. Son discours s'irise d'oxymores « apparition disparaissante », « science nesciente ») et de reprises rhapsodiques afin de montrer que l'intelligibilité du réel revêt de multiples aspects, telle la vie constituée d'une succession de moments présents. De même que la vérité, pas plus que la vertu, ne s'installe dans la durée, elle ne se fige dans le concept, mais vise « l'équivoque infinie » (*Le Pur et l'Impur*). On ne saurait mieux introduire aux langages du métissage.

Chapitre 6

D'un art métis

Capitalisme et industrialisation, soutenus par les développements technologiques et les idéologies positivistes, installent au XIXe siècle sur la scène de la modernité une société libérale et bourgeoise visant à l'accroissement économique et à la stabilité politique. Les classes dominantes s'appliquent à réaliser ces objectifs grâce à l'instauration d'un système de valeurs rigide et uniformisateur. Il revient alors aux langages artistiques de faire entendre la voix de l'hétérogène et du pluriel. Nous en proposerons ici quelques exemples. Renouant avec la veine de Rabelais ou Cervantès, jusqu'au gigantisme, Melville avec *Moby Dick*, Hugo avec *Les Misérables* ou *Notre-Dame de Paris* bâtissent des cathédrales textuelles où le lecteur parcourt le réseau des trames narratives et discursives, jalonné de digressions. La littérature russe aussi : les immenses plaines de l'histoire chez Tolstoï ; le polyphonisme romanesque chez Dostoïevski (selon Bakhtine). S'offrent des univers à explorer, non moins ambitieux que les systèmes de Balzac ou de Zola, mais où la visite n'est pas guidée. L'ambition n'est pas de couvrir une totalité mais d'en donner à voir les facettes multiples et la complexité. Ce sont aussi des romansessais, non pas des romans à idées qui, eux, n'ont rien de métis puisque leur fonction est d'exposer une idéologie manipulant le récit. Le romantisme, notamment hugolien, prôna également une autre forme de métissage : généalogique, en se composant un panthéon d'influences antérieures empruntant à diverses époques et cultures, éclectisme dont se parera similairement le surréalisme. Le *world beat* musical ou autre, rythmant la culture contemporaine, le pratique encore, pour des raisons peut-être plus mercantiles.

Musil ou Broch continueront à Vienne, comme nous l'avons vu, la veine du roman-essai. Histoire et fiction s'y mêlent, comme chez Proust ou Joyce. La modernité littéraire s'affirme au demeurant dans l'épuisement ou la subversion des genres (où situer les récits de Beckett, Georges Bataille, Maurice Blanchot, les textes d'Artaud, de Marguerite Duras ?) et le mélanges des modes narratifs : Kafka redéfinit le pathétique comme une hésitation entre le tragique et un humour chaplinesque. Witold Gombrowicz manie le grotesque et la parodie non comme un style mais comme la transgression de tous les styles : jeux de pistes où le brouillage s'affirme comme la règle. En rupture avec l'idéal réaliste de la fin du XIXe siècle, les frontières deviennent mouvantes entre l'objectif et le subjectif, comme en témoigne la littérature ethnographique.

Une autre source du métissage littéraire moderne relève de l'écriture-altérité: le « Je est un autre » de Rimbaud ou le « Je suis l'autre » de Nerval, repris par Blaise Cendrars. Pour

Proust : « Chacun de nous n'est pas un » (*La Fugitive*) ou « Un livre est le produit d'un autre moi que celui que nous manifestons dans nos habitudes, dans la société, dans nos vices. » (*Contre Sainte-Beuve*) Une sensibilité latine y est très à l'aise. « C'est à l'autre, à Borges, que les choses arrivent. Moi, je marche dans Buenos Aires. [...] Je ne sais pas lequel des deux écrit cette page. » Suit le cortège des auteurs hispano-américains, leurs jeux de miroirs, truqués ou brisés. Mais c'est, dans l'Ancien Monde, Fernando Pessoa le plus systématiquement métis de tous les auteurs modernes par son usage des hétéronymes (Alberto Caeiro, Ricardo Reis, Alvaro de Campos sont les plus célèbres mais l'on en compte près de soixante-dix), qui sont des « sous-personnalités », autonomes, divergentes, dans le même rapport avec l'auteur que les personnages de théâtre avec le dramaturge. Tous coexistent en lui sans que jamais un moi unitaire ne les coiffe. Les masques de Romain Gary relèvent du même phénomène.

La littérature choisit aussi le voyage (Nerval, Flaubert en Orient, Stevenson, Conrad en Asie) pour trouver l'autre mais, comme le montra magistralement Victor Segalen, l'exotisme n'est plus tant une sortie de soi que l'exploration d'espaces intérieurs et pourtant étrangers. Il baptise, anticipant Glissant, « le Divers » ces territoires de la différence que Henri Michaux, à son tour, arpentera.

Le « polyglottisme », enfin, métissage linguistique qui renoue avec la langue joyeusement impure du XVIe siècle, trouve dans la littérature moderne deux incarnations : d'une part, les auteurs bilingues ou multilingues qui le demeurent ou qui choisissent une langue d'écriture (Beckett, Joseph Conrad, Nabokov, Canetti, Kundera, récemment

Vassilis Alexakis et Andreï Makine). D'autre part, les écrivains créoles (Glissant, Chamoiseau, Confiant, Walcott) ou issus du monde post-colonial (Rushdie, Ondaatje, Okri, Naipaul) pour lesquels le métissage esthétique rejoint le métissage anthropologique. Ce courant, cependant, débordant les particularismes nationaux, tend aujourd'hui à globalement incarner une écriture voulant traduire les réalités d'une identité contemporaine multiple et polymorphe. Son succès témoigne de la pertinence d'une telle visée métisse de la littérature moderne.

Mais sans doute l'art le plus propre au métissage s'avère être la musique. On date « officiellement » l'histoire de la musique en Occident à partir de la structuration (*organum*) au Moyen Âge des chants polyphoniques qui pratiquaient le croisement des voix. Harmonie, contrepoint et accords fournissent un appareillage théorique qui, d'emblée, suppose ainsi un entrelacs résistant à la fusion. La pratique, enfin, de la réécriture, sous la forme de la transcription, de l'emprunt ou de la citation (voire de l'autocitation), est courante dans la composition musicale. La musique « sérieuse » du xxe siècle, tout comme les autres arts, pose la question de sa nature et de sa légitimité. Elle y répond souvent par la voie du métissage en s'ouvrant à des influences extérieures : folklore (Bartok, Sibelius, Enesco, de Falla), jazz (Ravel, Milhaud), musique balinaise (Debussy) ou en transgressant une certaine pureté instrumentale : musique concrète (Cage, Schaeffer) ou électro-acoustique (Stockhausen, Pierre Henry, Varèse), compositions empruntant aux structures mathématiques (Xenakis), aux chants d'oiseaux (Messiaen) ou aux sons de la voix humaine (Berio, Reich). En un métissage diachronique, dans un geste similaire à celui de Picasso reprenant Vélasquez ou Joyce réécrivant l'histoire d'Ulysse, Stravinski retravaille dans son œuvre tout l'héritage de la musique occidentale.

Des plantations aux *ballrooms* puis aux conservatoires, des esclaves de Louisiane aux stars internationales, du ragtime au free jazz, l'histoire (brève et rapide) du jazz – comme le cinéma, l'un des arts nés en notre siècle – suit un itinéraire d'une extrême richesse sous le signe du métissage. Divers traits, sur des plans différents, le caractérisent en ce sens : il retient de ses origines à la fois l'âpreté du travail sur les champs de coton et les voies ferroviaires et l'élévation des *spirituals* entonnés dans les congrégations (double nature qui fait qu'il se jouait dans les églises comme dans les bordels et qu'on retrouve jusque chez John Coltrane ou Miles Davis) ; il se développe en mêlant les structures harmoniques de la musique européenne aux structures complexes des rythmes africains ; il n'est pas écrit, surtout à ses débuts, mais pas entièrement improvisé ; sa dynamique créative fait généralement se confondre le compositeur et l'interprète ; c'est enfin l'un des exemples les plus affirmés de la dialectique musicale entre la liberté du soliste et la partition commune de l'orchestre.

Métis, le jazz l'est aussi au sens anthropologique puisque, dès les années 1920 et la transition de La Nouvelle-Orléans à Chicago, il s'ouvre aux musiciens blancs, un Bix Beiderbecke à côté d'un Louis Armstrong, même si les orchestres mixtes apparurent plus tardivement ; ses développements ultérieurs ne dépendirent plus de la couleur de la peau, même s'il demeure aux États-Unis un médium privilégié de la communauté noire. Pour prouver l'absurdité de sa réduction à un simple art populaire ou de divertissement, le privant de la noblesse de la musique classique, il suffit de se tourner, outre vers l'intérêt des compositeurs précités, vers les musiciens eux-mêmes. Très tôt le pianiste Fats Waller interprétait

Bach ou Liszt et le clarinettiste Benny Goodman Brahms ou Mozart ; Wynton Marsalis aujourd'hui passe sans problèmes du bop au baroque. Duke Ellington ou George Gershwin montrèrent à quelle ampleur l'orchestration de jazz pouvait prétendre, et l'évolution interne du jazz, par exemple au cours de deux ou trois décennies, de Charlie Parker à Ornette Coleman, révèle un questionnement sur les possibilités et les limites de l'harmonie aussi profond et audacieux que celui des autres compositeurs de la modernité, en un laps de temps bien plus court. Le jazz est peut-être le genre musical illustrant le mieux combien la musique ignore les genres.

En ce qui concerne les cultures populaires, le métissage musical est naturel puisqu'il peut naître de n'importe quel brassage de populations. Trois exemples l'illustreront. La musique *klezmer* provient de la rencontre de la musique juive d'Europe de l'Est – elle-même composée de musique juive liturgique ou traditionnelle et d'emprunts aux musiques slaves, notamment tsigane – et du jazz. Héritiers des orchestres itinérants européens, arrivés lors des grandes vagues d'immigration aux États-Unis du tournant du siècle, les musiciens juifs adoptèrent certains rythmes et certains instruments du jazz qui se jouait dans cette période pour créer un style (musique de danse et comédies musicales) qui fleurit jusqu'aux années 1940. Il s'éteint alors mais refleurit depuis les années 1970, bien connues pour leur double mouvement de retour aux sources et de croisement culturel.

Un second exemple nous est donné lorsque nous entendons chanter la Brésilienne Maria Bethãnia. Le tempo syncopé semble résolument africain, l'originalité instrumentale plutôt du côté des flûtes amazoniennes alors que la mélodie paraît être celle du fado portugais. Les trois éléments sont bien présents, mais ils se sont complètement métamorphosés au contact les uns des autres.

Le troisième exemple nous est donné par le fado lui-même. Né d'un ensemble chorégraphique extrêmement complexe se situant aux confins des cultures africaine et ibérique (le *lundu* bantou et le fandango andalou, lui-même issu du flamenco), le fado dansé à Rio de Janeiro est réinventé à Lisbonne à partir des années 1830 en tant que fado chanté. Transformant une vaste constellation d'influences afro-brésiliennes,il se voit tour à tour attribuer des origines arabe, maure, gitane, occitane, ce qui a le mérite d'attirer notre attention sur le fait que s'il n'est pas purement portugais, c'est que le Portugal n'existe qu'à l'extérieur de lui-même. Enfin l'art du fado (qui signifie destin : latin *fatum*) est l'expression du sentiment de la *saudade*, ce sentiment métis s'il en est, qui consiste simultanément à souffrir du plaisir passé et à prendre plaisir de la souffrance d'aujourd'hui. Sorte de *blues* des peuples latins, le fado est une plainte voluptueuse qui chante le déchirement de l'entre-deux-rives, en ne cessant d'aller et venir entre la terre et la mer, le ciel et la terre, le rêve et la réalité, l'infini de l'amour et l'acceptation du désamour qui a pour nom destin.

Parmi les modes expressifs propres à l'art moderne, le collage est un exemple privilégié de métissage formel. Suivant le geste inauguré par Lautréamont, dadaïsme et surréalisme vont, par la pratique du collage littéraire, pictural et photographique, illustrer la portée subversive du métissage esthétique. L'objectif est double : reflet de la réalité ambiante (par l'utilisation de matériaux préexistants) et création d'une nouvelle réalité (par le choc du rapprochement). La beauté surgit comme fulgurance à partir du réel et non en référence à un quelconque idéal. L'œuvre d'art, dès lors, ne répond pas à une intention de signification de l'artiste mais s'ouvre à toutes les interprétations possibles chez le spectateur.

Peintres français ou viennois du début du siècle avaient déjà accordé une place majeure à l'intégration dans la surface picturale de motifs textiles (nous l'avons vu pour Klimt) ou décoratifs *(La Chambre rouge* de Matisse). Le collage va plus loin en pratiquant le métissage dans la production, non dans la seule représentation. La technique vient du cubisme, mise au point par Picasso et Braque (auxquels il faut joindre le nom de Juan Gris) alors qu'ils cherchaient à détruire l'apparence de la réalité communément perçue. Des bouts de journaux, des morceaux de carton ou de papier peint, de la sciure, du sable, etc., sont introduits sur la toile afin de distordre l'unicité conventionnellement admise de la surface picturale. La logique est celle de l'iconographie cubiste : briser les formes et juxtaposer les fragments afin de donner une composition nouvelle gardant la trace de la brisure. Les assemblages et les sculptures de Picasso retiendront l'inventivité apportée par le mélange des matériaux ou l'utilisation d'un matériau inattendu (la célèbre *Tête de taureau* faite d'un guidon et d'une selle de vélo). Le métissage des matériaux rejoint le métissage des formes pour affirmer le refus et la critique d'une société prétendant à une totalité unitaire et harmonieuse. Collages et « papiers collés » sont aussi l'illustration de cette visée métisse chérie par l'avant-garde (l'œuvre de Kurt Schwitters, par exemple) ou le modernisme (ainsi le Bauhaus*) : unir l'art et la vie.

Précédés par les artistes du dadaïsme, les surréalistes verront dans le collage le moyen de reproduire les représentations irrationnelles de l'inconscient et d'ouvrir un accès direct à l'imaginaire du sujet. La leçon de Freud est proche : dans le travail du rêve comme dans la libre association de l'analyse, les éléments signifiants s'énoncent par contiguïté et analogie, non dans une succession logique. Le collage est aussi une pratique textuelle. Guillaume Apollinaire et Blaise Cendrars ouvrent une nouvelle voie à la poésie moderne en composant des poèmes faits d'emprunts aux paroles du quotidien et à la prose journalistique et publicitaire. Les surréalistes, outre l'écriture automatique, les récits de rêves et les délires simulés, façonnent des cadavres exquis, entre autres jeux langagiers. Le métissage brouille ici l'antinomie entre le sérieux et le ludique dans la quête d'une vérité jamais sacrifiée à l'exigence de liberté. C'est encore Apollinaire qui, par ses « calligrammes », mêle le texte et le dessin en un geste que surréalisme et pop art reprendront.

Le collage appartient pleinement à l'art moderne en ce qu'il interroge la notion classique de profondeur, métissant les différentes surfaces sans effet de perpective (démarche partagée par Manet, Cézanne, Matisse, puis Jackson Pollock ou Mark Rothko). Il pose plus généralement une question qui parcourt l'histoire et la philosophie de l'art : la distinction entre le réel (le vrai) et l'illusion (l'image). Le désir de brouiller telle frontière guidait déjà aux XVIe et XVIIe siècles l'art baroque (techniques du trompe-l'œil et de l'anamorphose, usage généralisé dans tous les arts du masque et de l'artifice : Arcimboldo et ses « têtes composées » comme exemple que suivra Dali). Ce questionnement se retrouvera formulé dans les décennies 1950-1960 par les artistes du pop art (Robert Rauschenberg, Roy Lichtenstein, Andy Warhol, Jasper

Johns, Joseph Cornell, Claes Oldenburg), adeptes du collage, des constructions et des objets détournés, qui utilisent, dans un double geste de distance ironique et de franche fascination, des éléments empruntés à la culture de masse et à la société de consommation contemporaines (bandes dessinées, publicité ou objets ménagers). La publicité ou le clip vidéo exploitent avidemment, aujourd'hui, les ressources d'une esthétique du choc. L'usage, enfin, de la citation, du pastiche, de la parodie constitue un des modes majeurs de l'esthétique dite postmoderne, de l'architecture à la littérature.

Ces exemples visent tous à fragiliser le postulat esthétique d'un sens unique, fixe et manifeste, transcendant et unifiant les composantes de l'œuvre. Si l'art moderne peut être conçu comme essentiellement animé d'un principe d'égalité (entre les plans en peinture, les sons en musique, les styles et les genres en littérature de même qu'entre toutes les interprétations possibles d'une œuvre), le métissage apparaît comme le moyen permettant de traduire une telle visée.

chapitre 7

Le métissage : une éthique

L'exigence de la mémoire

Le temps du métissage est le présent puisque, constamment renouvelé, il assure la permanence des créations et des rencontres. C'est aussi en lui-même un temps métis puisqu'il accueille la jonction du passé et du futur, tension qui le constitue. Le métissage, cependant, appelle une mémoire ou, plutôt, des mémoires. En effet, la combinaison doit reposer sur l'équilibre des parties afin que soient évités les écueils du différentialisme autant que ceux de la fusion.

Il revient alors à la mémoire de garantir que dans l'alliance ou l'alliage métis, aucune des composantes ne sera dominante ni ne se dissoudra dans le processus. Chaque élément doit conserver son identité, sa définition en même temps qu'il s'ouvre à l'autre. De part et d'autre, ni refoulement ni honte : la fierté du métissage tient dans ses origines. En outre, la mémoire veille à ce que le mélange ne coagule pas ; elle est un aiguillon pour le devenir, rappelant constamment qu'il est possible d'être autrement, indiquant par là même la direction de l'avenir.

La mémoire, au demeurant, est elle-même une opération métisse : le souvenir appartient au présent d'une conscience qui le manifeste mais, ce faisant, il ressuscite quelque chose qui n'est plus. Comme la ruine ou la trace, le souvenir, par nature, exhibe une double identité, une fidélité floue : je me souviens aujourd'hui de ce qui s'est passé hier. On distinguera néanmoins, parmi divers types de mémoire, la remémoration de la commémoration, car si celle-ci peut se vivre froidement ou virer au culte du passé, la première implique que le sujet s'investisse au présent dans sa réminiscence et maintienne la tension exigée par la condition métisse.

Le modèle de la rencontre

Est-ce que vraiment, pour citer Lautréamont et sa définition subversive de la beauté, un parapluie pourra jamais rencontrer une machine à coudre ? Mais ils viennent d'y parvenir : dans la phrase que vous venez de lire ! Le langage permet toutes les rencontres, bonnes et mauvaises (l'essayiste George Steiner rappelle que rien ne peut empêcher quiconque, sur le plan de la correction linguistique, de prétendre que « Mozart est un mauvais musicien », l'énoncé étant grammaticalement acceptable). Et du langage, qui lui procure son identité, l'être humain devrait bien s'inspirer.

Dans la communication, la construction des messages est peut-être volontaire et prévisible mais le sens qu'ils prendront lors de la réception ne l'est pas, puisqu'il est soumis aux aléas de la transmission et de la compréhension. Tout acte de parole ou d'écriture est donc métis puisqu'il est une inter-locution. Par ailleurs, le langage est autant affaire de l'expression du sujet que de l'affirmation ou du pari qu'il existe un autre à qui l'on s'adresse. Or la philosophie contemporaine a bien montré que l'autre, pour être autre, doit l'être absolument, ne prêtant prise à aucune possibilité de connaissance anticipée. On ne peut le prévoir mais on se doit de l'accueillir dans l'éclat d'une vision.

Il en est de même pour la rencontre, modèle de la condition métisse. Elle surgit, comme l'événement, et assure ainsi la parité des partenaires. Jamais une intention mais toujours la vigilance d'une intentionnalité : demeurer disponible et attentif à l'autre. Le modèle de la rencontre n'a rien de l'art du rendez-vous. La rencontre ne s'annonce pas plus qu'elle ne se prépare. Nulle stratégie possible, à la différence du combat ou de la séduction. On n'arrive jamais à une rencontre, une rencontre, toujours, vous arrive.

La dynamique du devenir

Le métissage naît comme type biologique, comme valeur quantifiable, mesurable, perçu donc dans le champ du visuel. Or, pour l'en sortir et lui donner toute son amplitude conceptuelle, il faut passer du spatial au temporel, c'est-à-dire au qualitatif, à l'incertain, ce qui s'écoule et qui fuit, d'où la difficulté et la tentation d'en revenir à des catégories univoques et préconçues. Car le visible rassure, posant des limites et des définitions. Le métissage demande, lui, que l'on ferme les yeux. C'est dans la nuit que les êtres se rencontrent, pour se heurter ou pour s'épouser. Mais cette nuit-là n'est pas ténébreuse. Comme dans la Genèse, elle est porteuse du jour, des promesses et des réalisations à venir.

La dimension temporelle est ce qui distingue le métissage d'autres formes de mélange, telles le mixte ou l'hybride, qui peuvent être saisies statiquement. Parce qu'il n'est pas un état mais qu'il est une condition, une tension qui ne doit pas être résolue, le métissage est toujours en mouvement, animé alternativement par ses diverses composantes. Sa temporalité sera celle du devenir, constante altération, jamais achevée, une force qui va, le vecteur des changements incessants qui font l'homme et le réel. C'est pourquoi, si on peut en tenir les archives, on ne peut construire de monuments au métissage.

Le devenir n'est pas le troisième temps d'une valse chronologique qui, avec mémoire et rencontre, se substituerait à la triade passé-présent-futur. Car le devenir, qui les parcourt tous trois, n'est jamais fixe ni fixé, mais imprévisible et irréversible. D'autre part, s'il est tourné vers l'avenir, le métissage ne saurait y compter ni préjuger des résultats : une rencontre peut ne pas avoir de lendemain. Qui se ressemble ne s'assemble pas forcément et qui s'assemble ne se ressemble pas nécessairement. Le devenir jamais ne se devine : telle est la dynamique, vibrante et fragile, du métissage.

Annexes

Glossaire

Bauhaus : école d'arts appliqués fondée sous la République de Weimar (1919-1933) prônant une esthétique rationnelle et pratique sous l'égide de l'architecture.

Caodaïsme : religion vietnamienne issue du bouddhisme et intégrant des éléments du taoïsme, du confucianisme, du christianisme ainsi que du spiritisme.
Candomblé : cérémonies religieuses reconstituées au Brésil par les descendants des esclaves africains.
Conquistadors : conquérants espagnols et portugais qui colonisèrent l'Amérique centrale et l'Amérique du Sud.
Collage : composition artistique obtenue par la juxtaposition d'éléments hétérogènes par leur source ou leur nature.
Créole : terme qui ne désigne initialement que les Espagnols nés dans les colonies. Pidgin devenu langue maternelle, une langue créole naît de la rencontre entre une langue européenne ou ses dérivés et une langue indigène, selon des proportions variables.

Culturalisme: désigne la pensée issue de l'anthropologie culturelle nord-américaine qui insiste sur les caractères spécifiques de chaque groupe ethnique.

Différenciation : valorisation des spécificités particulières au détriment des convergences possibles.

Falsafa : Philosophie en arabe. Pensée islamique qui s'appuie sur les enseignements de la philosophie grecque.
Fusion : effacement des spécificités et des diversités au sein d'un ensemble commun.

Hétérogène : qualité de ce qui garde les spécificités de ses composantes.
Homogène : qualité de ce qui est ou est devenu indifférencié.
Hybride : produit du croisement de deux éléments de genre et d'espèce différents.

Jeune Vienne (*Jung-Wien*) : groupe d'écrivains viennois des années 1900 caractérisés par leur scepticisme et leurs tendances esthétisantes.
Jugendstil : version allemande et autrichienne du style Art nouveau, plus tardive et plus austère.

Libertadors : ceux qui, inspirés par les idées européennes des Lumières et de la République, luttent, à l'instar de Simon Bolivar (1783-1830), pour l'émancipation du continent latino-américain de la domination ibérique.

Marrane : juif converti au christianisme pendant la période de l'Inquisition.
Maurisque : art et littérature de la population maure résidant en Espagne au Moyen Âge.

Mozarabe : chrétien de la péninsule ibérique vivant sous la domination musulmane au Moyen Âge.
Métis : désigne originellement les descendants d'Européens et d'Indiens.
Mulâtre : terme formé dans un sens explicitement péjoratif à partir du mot *mulet* pour désigner les individus issus de Noirs et de Blancs.

New Age : sensibilité religieuse diffuse formée à partir des États-Unis dans les années 1960-1970 qui cherche à concilier l'Orient et l'Occident, l'occultisme et la science.

Orixà : divinité *yoruba* qui peut être considérée comme un principe cosmique responsable de la configuration de chaque personnalité des croyants, qui sont au Brésil les adeptes du candomblé.

Querelle des Anciens et des Modernes : débat dans le milieu littéraire français de la fin du XVIIe siècle autour des questions de l'autorité de l'Antiquité et de la valeur du progrès.

Reconquête : processus qui s'efforce de reconquérir tout ce qui, en Amérique latine, avait été dominé ou exterminé, en particulier les composantes africaines et amérindiennes de ces sociétés.
Reconquista : reconquête (du milieu du VIIIe siècle jusqu'à 1492) par les chrétiens de la péninsule ibérique, alors sous domination musulmane.
République de Weimar : période en Allemagne allant de l'après-guerre au nazisme (1919-1933), marquée par un régime social-démocrate et un intense bouillonnement culturel et artistique.

Sécession : mouvement, à Munich, Vienne et Berlin, à la fin du XIXe siècle, d'artistes en révolte contre l'académisme et défenseurs d'un art moderne.
Syncrétisme : terme du lexique religieux désignant l'addition de croyances de sources différentes dans une même unité.

Totalisation : rassemblement d'éléments épars dans une structure globale qui leur donne sens.

Umbanda : religion nationale brésilienne formée à la fin des années 1920 de la rencontre des ancêtres africains, des esprits indiens et des saints du catholicisme.

Vienne la Rouge : municipalité sociale-démocrate qui, de 1919 à 1934, appliqua une administration communale d'inspiration socialiste en matière de construction, de logement et d'assistance sociale.

Yoruba : société du sud-ouest du Nigeria.

Bibliographie

Amselle J.-L., *Logiques metisses : anthropologie de l'identite en afrique et ailleurs*, Paris, Payot, 1990.

Bastide R., *Le prochain et le lointain*, Paris, Cujas, 1970.

— *Les Amériques noires*, Paris, Payot, 1973.

Benoist J., *Les Martiniquais. Anthropologie d'une population metissée*, Paris, Masson, 1963.

Bernand C. & Gruzinski S., *Histoire du Nouveau Monde*, vol. 2, *Les métissages : 1550 et 1643*, Paris, Fayard, 1993.

Bonniol J.-L., *La couleur comme maléfice : une illustration créole de la généalogie des Blancs et des Noirs*, Paris, Albin Michel, 1992.

Certeau M. de, *L'invention du quotidien*, tome 1, *Arts de faire*, Paris, Folio-Gallimard, 1990.

Deleuze G., *Logique du sens*, Paris, Éditions de Minuit, 1969.

Fanon F., *Peaux noires, masques blancs*, Paris, Seuil, 1954.

Glissant É., *Introduction à une poétique du divers*, Paris, Gallimard, 1996.

Jankélévitch V., *Le pur et l'impur*, Paris, Champs-Flammarion, 1978.

LAPLANTINE F., *Transatlantique. Entre Europe et Amériques latines,* Paris, Payot, 1994.

LEIRIS M., *Contacts de civilisation en Martinique et en Guadeloupe,* Paris, Gallimard, 1955.

LÉVINAS E., *Autrement qu'être, ou au-delà de l'essence,* Paris, Biblio-Essais, 1990.

LÉVI-STRAUSS C., *Race et histoire,* Paris, Gauthier-Villars, 1961.

MAGRIS Cl., *Danube,* Paris, Folio-Gallimard, 1990.

— *Métissages*, Paris, L 'Harmattan, 2 tomes, 1992.

MORIN E., *La Méthode,* I, II, III, IV, Paris, Le Seuil, 1977, 1980, 1986, 1991.

NANCY J.-L., *Être singulier pluriel,* Paris, Galilée, 1996.

RICŒUR P., *Soi-même comme un autre,* Paris, Le Seuil, 1990.

SERRES M., *Hermès* I, II, III, Paris, Éditions de Minuit, 1969, 1972, 1974.

Index

Les autres collections de TÉRAÈDRE

L'anthropologie au coin de la rue
L'écriture de la vie
L'Islam en débats
Passage aux Actes
[Auto]biographie ∞ Éducation

L'esprit des collections est d'offrir à un double public : spécialistes, chercheurs, étudiants, mais aussi public « général » des ouvrages d'une lecture agréable, mais d'une rigueur scientifique sans faille.

Pour ce faire, deux directions sont suivies :

□ chaque livre est un bel objet,

□ tout ce qui n'est pas indispensable à l'unité de l'ouvrage, mais peut contribuer à l'enrichir est reporté sur internet, où le lecteur intéressé est invité à le consulter.

657670 - Juin 2016
Achevé d'imprimer par

1livre.com
du rêve à la réalité !